INHALT

1 UNE JOURNÉE PLEINE DE SUCCÈS

Comme tous les samedis, Émilie sort de chez elle **tirée à quatre épingles**. Le sac à main sur l'épaule gauche et le cabas dans la main droite, elle part faire le marché. Elle porte un petit costume bleu marine et un chemisier gris en satin. Ses jolies boucles d'oreille dansent au rythme de ses petits pas rapides et légers. Son téléphone sonne.

- Allô ?
- Bonjour Émilie, c'est Catherine ! Ça va ?
- Oui, ça va et toi ?
- Ça va, très bien même. Je viens de recevoir l'appel d'une société de production. J'ai un casting à Deauville.
- Ah ! C'est chouette ! Je suis très contente pour toi !
- Merci ! Je suis au septième ciel ! Le seul petit problème c'est que **d'habitude**, le samedi matin, j'ai un petit boulot. Je vais faire les courses pour une dame. Et... euh... je voulais te demander... euh... si... .

- J'ai compris, Catherine. Ne t'inquiète pas. Je **m'en occupe**. Je suis à Paris ce week-end.
- Ce casting est important pour moi. Tu comprends ?
- Pars à Deauville tranquille, je te **remplace**. Dis-moi simplement ce que je dois acheter et où je dois aller.
- C'est vraiment très sympa de ta part ! Je t'envoie un **texto** avec la liste des courses et l'adresse de Madame

Giraud. Le marché où je fais toujours ses courses, c'est celui de la rue des Batignolles. Merci beaucoup Émilie et salut !

- Je t'en prie. **À quoi ça sert les amis ?** Bonne chance ! Salut !

Émilie part faire les courses de Madame Giraud. Comme indiqué dans le texto de Catherine, Émilie précise à la bouchère :

- … et c'est pour Madame Giraud !
- Ah, c'est vous qui faites les courses pour elle aujourd'hui ? Elle n'est jamais contente cette Mme Giraud, dit la bouchère **à voix basse**. Émilie ne prête pas vraiment attention à cette remarque. Voilà, ça fait 25 €, Madame… et bon courage !

  Émilie cherche maintenant le marchand de fruits et légumes.
- Belle journée, n'est-ce pas, Madame ? Vous voulez deux beaux **melons de Cavaillon** ? Ils sont **en promotion** aujourd'hui.

- Non merci, Monsieur. Je fais les courses pour une dame et… je voudrais un kilo de haricots fins et une barquette de fraises bien rouges, s'il vous plaît.
- Ah, vous faites les courses pour Madame Giraud. Ça fait longtemps qu'elle n'est plus venue nous embêter !

Émilie ne comprend pas **les allusions** des commerçants, elle trouve cela très désagréable. Pourtant Catherine ne lui a rien dit. Elle doit encore passer chez la marchande de fromage qui est juste à côté.

1 **tirée à quatre épingles –** wie aus dem Ei gepellt
2 **d'habitude –** normalerweise
3 **s'occuper de qc. –** sich um etw. kümmern
4 **remplacer –** vertreten
5 **À quoi ça sert les amis ? –** Wozu hat man Freunde?
6 **à voix basse –** leise
7 **en promotion –** im Angebot
8 **l'allusion (f.) –** die Anspielung

- Un morceau de roquefort « pas trop gras » et un pot de crème fraîche, s'il vous plaît, Madame.
- Voilà, Madame. Ça fait 13,50€, s'il vous plaît. Ça ne doit pas être facile tous les jours...

Pour qui exactement fait-elle les courses ? Émilie ne se sent pas très bien. Elle ne peut pas **joindre** Catherine au téléphone car son amie actrice est dans le train.

Émilie est arrivée devant l'immeuble de la Rue Mesnil. Elle a un peu peur, mais sonne quand même chez Madame Giraud.

Avant de monter les escaliers de l'immeuble, Émilie refait son chignon dans le miroir du hall d'entrée. Elle **toque** à la porte. La dame ouvre et regarde Émilie **d'un air étonné**. Émilie explique à Madame Giraud :

- Je m'appelle Émilie. Je remplace Catherine aujourd'hui. J'ai fait vos courses, Madame Giraud. La dame lui sourit chaleureusement. Émilie est surprise. Elle s'attendait à une femme désagréable.
- Je suis sa sœur, je m'appelle Marguerite. Ma sœur, Anne-Louise, habite au quatrième étage. Nous nous appelons toutes les deux Giraud. Au revoir, Émilie.

9 joindre – erreichen
10 toquer à qc – an etw. klopfen
11 d'un air étonné – mit einer überraschten Miene

- Au revoir, Madame. **Entre-temps** la jeune femme a oublié sa peur de l'autre Madame Giraud. Elle monte au quatrième étage et toque à sa porte. La vieille dame ouvre.
- Bonjour Madame Giraud. Je m'appelle Émilie. Je remplace Catherine aujourd'hui. J'ai fait vos courses, Madame. Anne-Louise a un visage ridé et sévère, mais Émilie n'a pas peur d'elle.
- Catherine m'a appelée tout à l'heure, je **suis au courant**. Entrez, Émilie, je vous en prie. La cuisine est au fond du couloir à droite. Suivez-moi, s'il vous plaît. Émilie traverse le bel appartement parisien. Il est décoré avec beaucoup de goût. Il y a de beaux tableaux, une belle commode et de jolies lampes. Elle dépose les courses dans la cuisine, met les produits frais au **réfrigérateur** déjà assez plein, puis va rejoindre Madame Giraud qui l'attend au salon. Émilie décide de ne pas juger cette vieille dame sur l'expression de son visage. « Chacun sa vie. Après tout, si cette dame semble stricte et **exigeante**, c'est son droit. Qui sait ? Et puis, cela n'a rien à voir avec moi », pense Émilie. Les deux femmes discutent un peu autour d'une tasse de café et de petits biscuits. Très aimable, Madame Giraud ne sourit pas beaucoup. Elles passent un petit moment ensemble. Puis Émilie se lève pour aller faire ses courses sur un autre marché.
  - Merci beaucoup Émilie. À une autre fois peut-être. Au revoir.
  - Au revoir, Madame Giraud. Bon dimanche.

der Kühlschrank

Arrivée à la maison, Émilie appelle son amie Catherine.

- Allô Catherine ? Alors ça s'est passé comment ton casting ?
- C'est formidable, j'ai été **sélectionnée**.
- **Félicitations**, Catherine ! Il faut fêter ça !
- Tout à fait ! Et en plus, j'ai appris plein de choses. Merci de m'avoir remplacée ! Et, toi ? Comment ça s'est passé ?
- Très bien. Moi aussi, j'ai appris quelque chose.
- Et quoi donc ? Émilie raconte à son amie.
- Après les remarques des commerçants du marché, j'avais peur d'aller chez ta Madame Giraud. Et puis finalement, j'ai décidé d'oublier ce qu'ils avaient dit. Et puis je ne voulais pas juger une dame que je ne connais pas. Surtout pas une de tes clientes. Et tout s'est bien passé.
- T'es super, merci. Allons fêter cette journée pleine de succès, Place Clichy !
- Très volontiers, à 20 h 00 ?
- C'est parfait, à tout à l'heure. Tu me raconteras en détail ton nouveau rôle.
- Justement, c'est l'histoire d'une femme qui oublie sa peur.

12 **entre-temps -** in der Zwischenzeit

13 **être au courant -** Bescheid wissen

14 **exigeant(e) -** anspruchsvoll

15 **sélectionner -** auswählen

16 **félicitations (f., pl.) -** Glückwünsche

2 DANS LA VILLE ROSE

Mercredi 6 août, 18 h 15, gare de Toulouse : Claire **fait les cent pas**. Son t-shirt jaune lui colle à la peau. Ses joues roses sont brûlantes. Elle a l'impression d'attendre depuis une éternité, elle est très inquiète. Son téléphone sonne.

- Allô Claire, ma chérie. Je suis désolé.

Elle est heureuse d'entendre la voix de son mari.

- Matteo, mon amour, tout va bien ?
- Oui ! Excuse-moi, s'il te plaît. Il m'est arrivé quelque chose d'extraordinaire et je n'ai pas vu le temps passer.

Elle est **soulagée**, elle oublie aussitôt son stress.

- On prendra le prochain train, ce n'est pas grave.
- Merci. Je t'aime, Claire. Je te raconterai tout.
- Je vais **me détendre** au bord du Canal du Midi en face de la gare. Bise.
- D'accord. À tout de suite. **J'ai hâte de** tout te raconter. Je t'embrasse.

Mercredi 6 août, 12 h 00, aéroport de Toulouse :

- Toulouse ! Enfin, je vais découvrir cette ville, dit Claire.
- Il fait beau ici ! dit son mari Matteo, un bel Italien qui adore le soleil, la chaleur et les belles couleurs du sud.

Dans les couloirs de l'aéroport, Matteo regarde avec beaucoup d'attention les très grandes photographies des plus beaux sites de la région Midi-Pyrénées. Ils sont à Toulouse pour la première fois. Avant de continuer leur voyage, ils vont y rester quelques heures.

Dans la navette qui transporte les voyageurs vers la gare, Claire demande au chauffeur :

– Bonjour Monsieur. Pour aller à la place du Capitole, **où devons-nous** descendre, s'il vous plaît ?

Le chauffeur de bus explique bien deux fois le chemin à Claire. La jeune femme le remercie.

Matteo observe la ville dont presque toutes les façades des maisons sont en briques rouges. Claire compte les stations.

– On descend à la prochaine ! dit Claire.

D'un regard, elle dit merci et au revoir à l'aimable chauffeur.

Claire et Matteo arrivent bientôt place du Capitole. Quelques bancs sous de grands arbres invitent à s'assoir et à contempler une fontaine où des petits Toulousains jouent ensemble. Cet endroit plaît à Matteo :

– J'aimerais t'attendre ici, sur un banc à l'ombre.

– D'accord. Moi, je vais retrouver Charlotte. Elle m'a envoyé un **texto**, elle m'attend déjà. ».

Claire se recoiffe et passe du

1 **faire les cent pas** – auf und ab gehen
2 **soulagé(e)** – erleichtert
3 **se détendre** – sich entspannen
4 **avoir hâte (de faire qc.)** – kaum erwarten können etw. zu tun
5 **où devons-nous (...) ?** – wo müssen wir (...)?
6 **le texto** – die SMS

rouge sur ses lèvres. Elle est prête pour aller retrouver son amie d'enfance.

– À plus tard, chérie, amuse-toi bien.

Ils s'embrassent.

Il y a une très belle atmosphère sur cette place toulousaine. Matteo regarde les enfants s'amuser dans une fontaine. Petits et grands, de toutes couleurs de peau, jouent ensemble. Tous en maillot de bain, ils s'amusent, crient et sautent sous le doux soleil de Toulouse.

Des gens de toutes les générations se promènent ou se reposent sur cette belle place très vivante.

Un homme aux longs cheveux blancs **s'approche** de Matteo.

– Est-ce que je peux m'asseoir ici, jeune homme ? demande le vieil homme d'une voix chaude.

Matteo accepte **en hochant de la tête** et en lui souriant. Assis l'un à côté de l'autre, les deux hommes **silencieux et paisibles** apprécient la fraîcheur de l'air à l'ombre des vieux arbres. Au bout de quelques minutes, l'homme de 80 ans au visage brun et ridé demande à Matteo.

- C'est agréable ici, n'est ce pas ?
- C'est extraordinaire. Je me suis tout de suite senti bien ici. **C'est vivant et reposant à la fois**. Il y a divers artistes qui ont peint ce type de scène. Il faut dire aussi que c'est très inspirant, les enfants qui jouent avec une telle légèreté.

7 **s'approcher de qn/qc –** sich jdm./etw. nähern

8 **hocher la tête –** mit dem Kopf nicken

9 **silencieux/silencieuse –** still
paisible – friedlich

10 **C'est vivant et reposant à la fois. –** Es ist lebendig und erholsam zugleich.

– Vous vous intéressez à la peinture ?
– Oui, je suis artiste peintre, répond Matteo.
– Quel drôle de hasard, moi, aussi. Quel type de peinture faites-vous ?

Les peintres discutent ensemble et très vite naît une sympathie commune. C'est un moment un peu magique pour les deux artistes. Le Toulousain parle de sa rencontre avec Picasso, qui avait presque 80 ans à l'époque. Lui, **débutait**.

– J'ai quelque chose à vous montrer, Matteo. Mon atelier est à deux pas.

Matteo n'hésite pas une seconde et envoie rapidement un texto à sa femme : « J'ai fait la connaissance d'un peintre. On se retrouve à la gare à 18 heures. Je te raconterai. Je t'aime. »

« Vous voulez boire quelque chose ? Je peux vous faire un petit café ».

Matteo accepte. Il se promène dans l'immense atelier de son nouvel ami. Le jeune peintre regarde les toiles, les unes plus belles que les autres. Il est **ému** : les couleurs vives, pleines de lumière...

Une bouteille d'**armagnac** dans une main et un petit tableau dans l'autre, le peintre dit à Matteo : « Asseyez-vous, s'il vous plaît » et lui montre une petite toile.

- C'est un Picasso. Pablo me l'a offert il y a 54 ans. Sa rencontre a **bouleversé** ma vie à l'époque. J'avais 26 ans, comme vous aujourd'hui et Pablo était déjà un vieil artiste comme moi maintenant. C'est la première fois que Matteo a un Picasso dans ses mains. Il ne dit rien. Le vieux peintre montre une de ses toiles au jeune peintre.
- Matteo, j'aimerais vous offrir cette toile. Qui sait ? Peut-être qu'elle aura de la valeur un jour ? Il sourit.
- Elle est très belle. Pour moi, elle a déjà beaucoup de valeur. Merci beaucoup, c'est un très beau cadeau.

Dans l'émotion du moment Matteo pense à Claire.

- Mince ! Quelle heure est-il ? Déjà 18 h 15 ?

Matteo prend son téléphone et appelle Claire.

11 **débuter -** anfangen
12 **ému(e) -** gerührt
13 **armagnac -** Branntwein aus der Gascogne
14 **bouleverser -** völlig verändern

3 LE VIN BLEU DE MONSIEUR DUPONT

« La mer qu'on voit danser le long des golfes clairs
a des reflets d'argent... »

De bonne humeur, Lucien Dupont, 50 ans, chante et boit son bol de **chicorée**.

Il s'est mis sur son 31 et porte un costume en lin blanc et une chemise en soie bleue.

Le voilà en route pour Frontignan au volant de sa vieille camionnette. Sur son chemin préféré, le long des champs de lavande, Lucien chante.

Comme tous les ans, le bel homme, négociant en vin, tient un stand à la fête du 14 juillet de Frontignan. Ici tout le monde se connait et se fait la bise. Lucien met une belle nappe blanche brodée sur la planche de son stand, y dépose les verres et les remplit. À gauche le vin rouge, au milieu le vin blanc et à droite le vin bleu !

Son vin bleu est réservé aux enfants. Il est même gratuit pour les petits qui participent à la **course en sac**.

- Bonjour Pépé ! dit Iris.
- Comme tu es jolie dans ton costume de **majorette** ! dit Lucien.
- Tu me regardes, n'est-ce pas ? On va bientôt commencer.
- Bien sûr, ma belle.

L'atmosphère est festive. La fanfare se met en place. Les majorettes sont prêtes. Iris est **au premier rang**. Ses bottes blanches marchent en rythme et sa petite robe bleue en satin luit au soleil. Elle **fait virevolter** à merveille son bâton métallique. Lucien est très fier de sa petite fille.

1 **de bonne humeur** – gut gelaunt
2 **la chicorée** – der Malzkaffee
3 **il s'est mis sur son 31** (Redewendung) – er hat sich schick gemacht
4 **au premier rang** – in der ersten Reihe
5 **faire virevolter** – umherwirbeln lassen

– Bravo, Iris, bravo !

Comme chaque année, la journée passe très vite. Le soir, tout le monde se retrouve au bal sur la place de la mairie pour voir le **feu d'artifice**.

Une femme brune aux yeux turquoise s'adresse à Lucien :

– Vous êtes Monsieur Dupont ?

– Oui, et vous, qui êtes-vous ?

– Je m'appelle Rose. Je suis passée devant votre stand cet après-midi. Comment avez-vous eu l'idée de créer le vin bleu ?

Lucien explique à Rose :

– C'était pour la fête nationale il y a quelques années. Comme je vends du vin rouge et du vin blanc, j'avais besoin d'une boisson bleue pour avoir les couleurs du drapeau français sur mon stand. Alors, j'ai créé une eau bleue transparente à base de produits naturels, de lavande et de myrtilles que j'ai

appelée le vin bleu.

- Vous êtes très créatif ! Mon grand-père grec me racontait quand j'étais petite qu'il appelait la mer « le vin bleu ».
- C'est très surprenant ! Je ne suis jamais allé en Grèce. Un jour peut-être, qui sait...? Puis-je vous inviter à danser cette **java** ? demande Lucien à Rose.
- Avec plaisir !

Ils font quelques pas de danse ensemble.

- C'était un plaisir de danser avec vous, Lucien.
- Tout le plaisir a été pour moi.
- Au revoir, Monsieur « vin bleu » !
- Au revoir, Madame Rose.

La fête est terminée. Lucien rentre chez lui.

6 **la java** – für den „bal musette" typischer Tanz

Quelques jours plus tard...
« Encore quelques herbes de Provence et **le tour est joué** » ! Monsieur Dupont est en train de se préparer une bonne ratatouille quand le téléphone sonne.

- Allô ?
- Bonjour, Monsieur Dupont. Je m'appelle Christophe Garnier. Nous avons parlé ensemble la semaine dernière à la fête du 14 juillet. Vous m'avez donné votre numéro de téléphone. Vous **vous souvenez** de moi ? Monsieur Dupont le reconnaît tout de suite à son **accent pointu**.
- Très bien, oui. Bonjour Monsieur. Que puis-je faire pour vous ?
- Et bien voilà, je souhaite vous rencontrer pour vous parler d'une idée.
- Ah bon ?
- Oui, j'aimerais vous inviter à déjeuner.
- C'est très gentil, ça. J'accepte volontiers.

Lucien adore manger au restaurant.

- **Quel jour vous arrangerait** ?
- Mardi ou vendredi, c'est comme vous voulez.
- Très bien, alors on dit mardi vers midi au restaurant en face de la poste.
- C'est parfait, très bien. À mardi alors.
- À mardi, Monsieur Dupont.

Toujours très élégant, Lucien Dupont va à son rendez-vous.
Au moment du dessert, Monsieur Garnier explique à Monsieur Dupont :

- Voilà, j'aimerais travailler avec vous. Votre idée du vin bleu me plaît beaucoup parce que je travaille dans la branche des boissons non alcoolisées.

Voulez-vous **commercialiser** votre vin bleu ?

- Pourquoi pas. Mais vous savez, **je ne m'y connais pas** en marketing, dit Lucien.
- Justement ! Moi, je m'occuperais de la **distribution** et vous, vous seriez responsable de la fabrication. Bien sûr cette boisson doit rester à base d'ingrédients naturels. On pourrait aussi mettre votre portrait sur l'étiquette. Qu'est-ce que vous en pensez ? demande Christophe Garnier.
- Les enfants adorent mon vin bleu et je suis certain que ça va marcher, répond Lucien.

Les deux hommes se mettent d'accord et très vite le vin bleu de Monsieur Dupont est **lancé** sur le marché.

Lucien gagne suffisamment d'argent maintenant pour réaliser un de ses rêves. Depuis qu'il a rencontré Rose le 14 juillet dernier, il veut voir la mer que le grand-père de Rose appelait « le vin bleu ». Pour les vacances de Pâques, il décide de faire un voyage en Grèce au bord de la mer.

7 **le tour est joué (Redewendung) –** die Sache ist geritzt
8 **se souvenir de qn/qc –** sich an jdn./etw. erinnern
9 **accent pointu** (m.) **–** akzentfreie Aussprache, die man in Südfrankreich den Parisern nachsagt
10 **Quel jour vous arrangerait ? –** Welcher Tag würde Ihnen passen?
11 **commercialiser –** vermarkten
12 **je ne m'y connais pas –** ich kenne mich damit nicht aus
13 **la distribution –** der Vertrieb
14 **lancer –** (hier:) auf den Markt bringen

das Fenster (im Flugzeug)

Dans l'avion...

– Vous préférez vous asseoir à côté du **hublot**, Madame ?

demande Lucien Dupont toujours très galant.

– Je vous reconnais, vous êtes Lucien « Vin bleu » ! Quelle coïncidence ! Que faites-vous dans cet avion ?

– Bonjour Rose. Et bien, vous m'aviez parlé de la mer grecque. Alors je **m'offre** ce voyage.

– Comme c'est amusant de se retrouver ici, vous ne trouvez pas ? Rose et Lucien discutent ensemble. Lucien raconte que son vin bleu est en vente dans toute la France et Rose parle de sa petite enfance en Grèce. Elle **finit par dire** à Lucien :

– J'ai une maison au bord de la mer, si vous voulez, vous pouvez habiter chez moi. C'est assez grand pour deux personnes.

Lucien accepte. Le soir, la tête dans les étoiles et les pieds dans la mer... ou plutôt dans le vin bleu, les deux nouveaux amis chantent la belle chanson de Charles Trenet :

« La mer qu'on voit danser le long des golfes clairs
a des reflets d'argent... »

15 **s'offrir qc** – sich etwas gönnen
16 **finir par dire** – schließlich sagen

4 UN PANIER BIO ET UN BRIE DE MEAUX

Ce dimanche, Caroline et Stéphane vont **donner un coup de main** à la ferme de Rémi. Ils habitent à Ménilmontant, un quartier populaire de l'est de Paris, et sont membres depuis 2005 de l'**AMAP (Association pour le Maintien d'une Agriculture Paysanne)** de Tournan-en-Brie, à cinquante kilomètres de Paris. Tournan est une ville de la « grande **banlieue** », mais c'est aussi déjà la campagne. Ils ont beaucoup aidé Rémi la première année, puis ils ont moins participé à la vie de l'association. En 2005, c'était vraiment le début en France… En Allemagne le système existe depuis les années 70 ! Caroline et Stéphane se sentaient un peu des pionniers…

Chaque semaine, ils vont chercher leur panier bio dans une boutique au coin de leur rue. C'est leur façon de se sentir « engagés ». C'est important pour eux d'aider les producteurs de la région. Caroline et Stéphane sont en bonne santé, ils ont

1 **donner un coup de main** – helfen
2 **AMAP** – Landwirtschaftsgemeinschaftshof
3 **la banlieue** – der Vorort

beaucoup d'amis sur Facebook, ils sont jeunes et beaux. Ils appartiennent à ce groupe de gens qu'on appelle « les Bobos ». Les Bobos, ça vient de « bourgeois-bohèmes ». Ils ont une vie confortable et ne manquent pas d'argent.

Mais revenons à nos paniers bio !

Caroline et Stéphane ont choisi d'aller donner leur coup de main à la ferme ce dimanche, mais il pleut. Et il ne pleut pas un peu : **il pleut des cordes** !

Caroline et Stéphane n'ont pas de **bottes en caoutchouc**. Ils n'ont pas de voiture. Ils vivent dans Paris **intra muros** et ne sortent pas souvent de la ville.
Depuis deux ans, ils voient de plus en plus de stations d'**Autolib'** autour de chez eux, mais ils pensent que ce n'est pas pour eux. Peut-être pour aller chez Ikéa... ? Pourtant, aujourd'hui, ils vont s'abonner à Autolib'. Ce n'est pas facile, c'est un peu long, mais ils y arrivent.

Les voilà partis. Il est déjà un peu tard. Caroline et Stéphane n'ont pas de carte routière. Quand on habite Paris intra muros, on n'a pas besoin de carte, un plan de **métro** suffit. Ils n'ont pas de **GPS** évidemment. La ferme de Rémi est en dehors de Paris, et il faut traverser cette zone chaotique et **inquiétante**, la banlieue. Et on se perd facilement en banlieue ! Avant de partir ils ont regardé sur Googlemap où se trouve Tournan-en-Brie, et y arriver leur semblait très facile. C'est beaucoup plus dur quand il faut y aller en vrai ! Et Caroline et Stéphane se perdent.

Au bout de deux heures, la voiture se met soudain à faire des bip, des bip de plus en plus forts. bip... biP... bIP.. BIP... Caroline et

Stéphane ne sont pas inquiets. Non... Il ne leur arrive jamais rien.

La voiture s'arrête maintenant complètement. Stéphane n'a pas eu le temps de se mettre sur le côté de la route. Il **bloque la circulation**. Les batteries sont vides, et oui, c'est une voiture électrique ! C'est un détail un peu trop technique pour Stéphane et Caroline. Autolib', bien sûr ils savaient ce que c'est. Mais ils n'ont pas compris qu'elles sont électriques, ces voitures, enfin ils n'ont pas compris qu'elles ont des batteries et qu'il faut les **recharger**.

Caroline et Stéphane ne savent pas où ils sont. Dans la banlieue, très souvent, on ne sait pas où on est.
Une **borne** ? Ils doivent trouver une borne ?? Une borne Autolib' ! Ils demandent quand ils ne savent pas faire une chose, il y a toujours quelqu'un pour la faire pour eux. Mais là, personne ne va les aider. Car ici, personne n'a entendu parler des Autolib'.
- Des voitures électriques ? Vraiment ?
- À Paris ?? ... Vous savez, cela fait plusieurs années que je ne suis pas allé à Paris. Les Vélib' je connais, mais je n'ai jamais entendu parler de vos voitures en plastique automatiques.

Caroline commence un peu à s'inquiéter. Alors elle appelle sa mère. Sa mère, elle ne les connaît pas plus, les Autolib', mais elle la rassure, sa grande fille de vingt-neuf ans.
- Oui, il y a un numéro de téléphone dans la voiture !
- Est-ce qu'on a appelé ??
- Ah... Non, on n'a pas appelé !

4 **il pleut des cordes** - es regnet Bindfäden / in Strömen
5 **intra muros** - innerhalb der Stadt
6 **Autolib'** - öffentliches Carsharing-Angebot
7 **le métro** - die U-Bahn
8 **le GPS** - das Navi
9 **inquiétant(e)** - beunruhigend
10 **bloquer la circulation** - den Verkehr behindern
11 **recharger** - wieder aufladen
12 **la borne (électrique)** - die Ladestation

Stéphane, lui, est sur son iPhone… Il regarde sur des forums si les batteries Autolib' peuvent se recharger **ailleurs qu'** à Paris… Eh non ! Toutes les bornes se trouvent dans Paris.

Le dimanche, ce n'est pas très facile de **se faire dépanner** par les hommes d'Autolib'. Mais c'est possible ! On explique à Caroline et Stéphane qu'ils ne peuvent pas aller jusque Tournan et rentrer à Paris : la batterie n'a **pas assez d'autonomie**.

Le **RER**, heureusement, ne passe pas loin : les voilà redevenus piétons ! À la gare de Tournan-en-Brie, ils doivent maintenant trouver la ferme de Rémi ! Il est treize heures et Caroline et Stéphane vont déjeuner au Café de la Place. Le dimanche tout est fermé : on n'est pas à Paris ! Au Café de la Place, le menu propose bien des sandwichs mais le dimanche, ce n'est pas possible car il n'y a pas de pain : toutes les boulangeries de Tournan sont fermées. Si ils veulent, la patronne peut leur faire une omelette.

- Vous voulez une omelette ?
- Une omelette à la **ciboulette** ! C'est possible ?

der Schnittlauch

Caroline et Stéphane s'installent en terrasse. Il n'y a que des vieux ici et tout le monde les regarde : Parisiens et Bobos, c'est écrit sur leur visage, c'est la première fois qu'ils sentent ça très fort. Ils n'avaient jamais pensé à cela : ils n'aiment pas. Ils se sentent **menacés**. L'omelette **tarde à** arriver, est-ce qu'on les a oubliés ? Pas du tout, et elle est vraiment bonne, cette omelette à la ciboulette !

Espresso mit wenig Milch

– Vous nous apporterez un café serré et une **noisette** s'il vous plaît ?

Et les voilà repartis... On leur indique une route, cette fois Caroline et Stéphane sont arrivés ! Ou presque... Ce n'est pas du tout la ferme de Rémi ! Ils ne reconnaissent rien. Quand ils arrivent, enfin, à la ferme, les autres Amapiens rentrent des champs : la journée est finie. Caroline et Stéphane sont arrivés **après la bataille** ! De toute façon, Rémi les avait appelés pour venir le plus vite possible ramasser les oignons avant la pluie. Et ce matin c'était déjà trop tard : c'était hier qu'il fallait venir !

Rémi a installé une grande table devant la ferme et il a sorti des bouteilles de vin et du fromage. Du fromage de Brie. Caroline et Stéphane ne sont pas venus pour rien !

13 **ailleurs que** - woanders als
14 **se faire dépanner** - den Pannendienst kommen lassen
15 **pas assez d'autonomoie** - nicht genügend Reichweite
16 **le RER** - Pariser Expressbahnnetz / S-Bahn
17 **menacé** - bedroht
18 **tarder à arriver** - auf sich warten lassen
19 **après la bataille** - Ausdruck für "zu spät" (wörtlich "nach der Schlacht")

5 CULTURE ET CUISINE

- Mais pourquoi est-ce que tu fais cuire les pommes de terre avant ? Tu sais, dans la recette traditionnelle, on ne fait pas comme ça, dit Gaël.

Mathilde, sa femme, lui répond avec tempérament :

- Sors de la cuisine ! Ne viens pas **mettre ton grain de sel** dans ma façon de cuisiner, s'il te plaît. **Occupe-toi** de l'apéritif au salon. Matthieu et sa copine vont bientôt arriver.

Gaël travaille toute la semaine dans son propre restaurant. Il a rarement envie de cuisiner en dehors de son travail. À la maison, c'est généralement sa femme qui **prend le relais**.

Matthieu, le petit-frère de Mathilde, **bouquine** allongé dans sa chambre universitaire. Sabina, sa copine allemande, révise son vocabulaire de français.

- Qu'est-ce qu'elle fait, ta sœur ? demande Sabina.
- Elle va sans doute nous faire un **gratin dauphinois**. C'est délicieux ! répond Matthieu.
- Non, je veux dire ce qu'elle fait dans la vie ?
- Ah ! J'ai faim et je pense déjà au déjeuner, excuse-moi. Mathilde ? Elle est dans l'équipe qui organise un festival de musique à Grenoble. Elle s'occupe de la

kulinarische Spezialität mit Kartoffeln aus der Region „le Dauphiné".

programmation et de l'organisation.
- C'est un **chouette boulot**, ça !
- Ouais, c'est vrai !
- On y va ! Moi aussi, j'ai faim.

Sabina et Matthieu **se mettent en route**.
- On prend les vélos ? propose Sabina.
- Bonne idée ! Allez, c'est parti !

Il fait encore jour. Ils passent l'Isère, le fleuve qui traverse Grenoble. Sabina adore cette ville et regarde tout autour d'elle. Arrivés rue Saint Laurent, ils **accrochent** leurs vélos dans la cour et montent à l'appartement. Sabina est impatiente de faire la connaissance de Mathilde.
- Salut ma soeur ! Je te présente Sabina.

Mathilde l'accueille avec un grand sourire et dit :
- Salut Sabina, ici on fait deux bises.

Mathilde aime recevoir du monde à manger.
- Venez Sabina, je vais vous faire visiter notre appartement. Voici la cuisine !
- Hmm, ça sent bon ! dit Sabina.
- Merci, je vous ai préparé un gratin dauphinois, une spécialité de la région... Là, c'est la salle de bains. Ici, la chambre à coucher. Et là c'est notre salle de séjour avec **un coin** salle à manger et un coin salon.
- C'est très confortable chez vous !
- Merci Sabina.
- Mettez-vous au salon, nous allons prendre l'apéritif, dit Gaël.
- On vous a apporté une petite bouteille de vin blanc, tu veux peut-être la mettre au frais ? propose Matthieu.

1 **mettre son grain de sel -** seinen Senf dazugeben
2 **occupe-toi -** kümmere dich um
3 **prendre le relais -** übernehmen
4 **bouquiner -** lesen
5 **un chouette boulot -** ein toller Job
6 **se mettre en route -** sich auf den Weg machen
7 **accrocher -** anschließen
8 **le coin -** die Ecke

- C'est très gentil, merci Matthieu. Allez ! Crémant pour tout le monde ! Ce n'est pas tous les jours qu'on fait connaissance de sa future **belle-sœur** ! dit Gaël.
- **Trinquons** à la famille ! dit Mathilde. D'où venez-vous exactement en Allemagne?
- Je suis née à Stendal en Saxe-Anhalt, c'est à environ 100 kilomètres à l'ouest de Berlin, où je viens de m'installer.
- Vous dites Stendhal, comme l'écrivain ?
- La ville s'écrit sans h. Stendhal y a habité. Il s'est inspiré du nom de cette ville pour créer son pseudonyme. Stendal et Grenoble sont **jumelées**. Il y a beaucoup d'échanges entre les deux villes.
- C'est très intéressant, je ne le savais pas.
- Vous faites aussi des études comme Matthieu ? demande Gaël à Sabina.

les Alpes - die Alpen
In der Nähe Grenobles gibt es mehrere alpine Gipfel über 3000 m.

- Non, j'ai fini mes études, je travaille dans une maison d'édition à Berlin maintenant.
- C'est sympa ça ! Et qu'est-ce que tu fais exactement ? demande Mathilde.
- En ce moment, je prépare un livre de cuisine végétalienne !
- C'est quoi exactement la cuisine végétalienne ? demande Gaël toujours très curieux.
- C'est une cuisine sans aucun produit animal.
- Cela veut dire sans fromage non plus ?
- Tout à fait, Gaël.
- Ça ne doit pas être facile de trouver des recettes...

la noix – die Walnuss
Bekannt ist Grenoble für seine Walnüsse, deren Bezeichnung ‚Noix de Grenoble' geschützt ist.

9 **la belle sœur** – die Schwägerin
10 **trinquer** – anstoßen
11 **la ville jumelée** – die Partnerstadt

- C'est ce que je pensais au début. Mais finalement, ce n'est pas un problème du tout.
- Décidément, **on en apprend tous les jours!** dit Gaël.

Le gratin doit être prêt.

Il va dans la cuisine, revient et dit :

- **À la bonne franquette**! Je mets le plat sur la table et chacun se sert !
- Ça a l'air bon ! dit Sabina. Mathieu dit à son amie :
- Pommes de terres, lait, crème, ail, noix de muscade, sel et poivre.
- Hmm ! chante Sabina.

Gaël réfléchit pendant qu'il mange et dit :

- Je me demande s'il y a des restaurants spécialisés dans la cuisine végétalienne.
- Absolument, Gaël. À Berlin, il y en a plusieurs. Le meilleur, c'est un Français en cuisine !
- Mathilde, ma chérie, j'aurais très envie d'aller à Berlin.
- Cela fait longtemps que nous avons envie d'y aller. Maintenant, nous avons deux bonnes raisons : Sabina et ce restaurant, dit Mathilde.
- Venez quand vous voulez !

Après ce **repas très bien arrosé**, Sabina et Matthieu décident de rentrer en taxi.

- Nous viendrons chercher nos vélos demain ! dit Matthieu.
- Merci beaucoup à vous deux pour cet excellent repas, dit Sabina.
- Bonsoir Messieurs-dames, dit le chauffeur de taxi qui écoute du jazz.
- Bonsoir, Monsieur. À la résidence Marie Curie, s'il vous plaît.
- J'ai beaucoup aimé le gratin dauphinois de ta sœur. Je l'ai trouvé meilleur que celui de ton copain, Félix.

- Je **parie** qu'il met de l'œuf dans son gratin. Je ne sais pas pourquoi.

Le chauffeur de taxi éteint la radio et dit :

- **En tant qu'ancien cuistot**, je peux vous dire que... beaucoup de gens y mettent de l'œuf. Mais si vous ne lavez pas les pommes de terre, vous n'avez pas besoin d'œuf. **Grâce à l'amidon** des pommes de terre, le lait et la crème **coagulent** avec la chaleur. Si vous voulez goûter la vraie recette traditionnelle, allez place de Notre Dame. Ils font le meilleur gratin dauphinois de Grenoble.
- C'est le resto de mon beau-frère ! dit Matthieu.

Dimanche matin. Il est 10 heures, Matthieu dort encore. Sabina se promène le long de l'Isère. L'air est frais, le ciel est clair et elle voit bien les Alpes aujourd'hui.

La jeune femme réfléchit à une recette végétalienne de ce fameux gratin dauphinois, pour son livre, mais aussi pour Gaël et Mathilde quand ils viendront à Berlin. Elle a déjà une petite idée : « On pourrait remplacer la crème et le lait par de la crème à l'**épeautre**... Hmmm ! ».

der Dinkel

12 on en apprend tous les jours – man lernt nie aus

13 à la bonne franquette – ohne Umstände

14 un repas bien arrosé – ein Essen, bei dem reichlich Wein getrunken wurde

15 parier – wetten

16 En tant qu'ancien cuistot... – Als ehemaliger Koch ...

17 grâce à l'amidon – dank des Stärkegehalts

18 coaguler – gerinnen

6 SECRET INTIME

Vanessa **n'arrive pas à dormir**. Elle rallume la lumière et reprend son roman. C'est sa grand-tante Hortense qui lui a donné le **goût de la lecture**. Pendant les grandes vacances, elle lui lisait des histoires tous les soirs. Le jour, Vanessa jouait à la détective.

Hortense est morte hier dans son lit, un roman dans les mains, elle avait 87 ans. C'était une personne chaleureuse extraordinaire qui aimait la vie, sa seule famille.

La jeune femme est triste. Elle l'aimait et avait beaucoup de respect pour elle. Depuis qu'Hortense était **veuve**, elle lui rendait souvent visite le dimanche. Elles se racontaient tous leurs petits secrets et continuaient à se lire des histoires. Elle entend encore sa voix douce. Leur amitié lui **manque** déjà.

Très tôt le matin, elle décide d'aller à Saint-Aubin-Celloville chez la **défunte**. La maison est froide. Vanessa met de la musique, fait un feu de cheminée et boit un café bien chaud dans le fauteuil où elle l'écoutait. L'unique héritière doit s'occuper de la **succession**.

Pour se réchauffer et se changer les idées, elle met les livres de la grande **bibliothèque** dans des cartons.

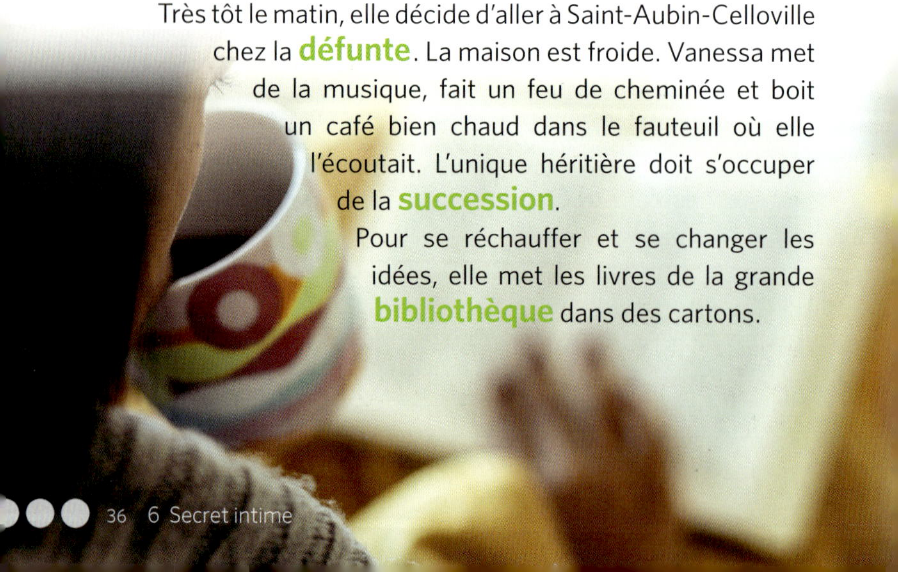

Elle trouve une **boîte à chapeau** derrière une collection de livres de poche. Elle **hésite** à l'ouvrir. « Qu'est-ce que c'est ? » Elle est **tiraillée** entre sa curiosité et son respect pour Hortense. « Si elle a caché cette boîte, c'est pour que personne ne la voie. En même temps, je suis la seule héritière. Est-ce que Hortense y a pensé ? » **Son cœur bat la chamade**. Elle lève le couvercle. C'est emballé avec amour. Elle prend l'objet des deux mains, **respire un bon coup et le déballe**. C'est une très belle sculpture en marbre rose qu'elle n'a jamais vue : une femme sans tête qui lit

1 **ne pas arriver à dormir** – nicht schlafen können
2 **le goût de la lecture** – die Leselust
3 **la veuve** – die Witwe
4 **manquer** – fehlen
5 **la défunte** – die Verstorbene
6 **la succession** – die Erbschaft
7 **hésiter** – zögern
8 **tiraillé(e)** – hin- und hergerissen
9 **Son cœur bat la chamande.** – Ihr Herz schlägt bis zum Hals.
10 **...respire un bon coup et le déballe.** – ... atmet einmal tief ein und und packt es aus.

allongée sur un divan. « Pourquoi Hortense a-t-elle caché cet objet ? » Il y a aussi quelques lettres sans enveloppes. Vanessa en lit une, ses mains tremblent. Elle est émue : Hortense a eu un amour secret. Il s'appelait Eugène, il tenait une boutique de vin à Rouen.

Sa curiosité naturelle grandit d'heure en heure. « Pourquoi la statuette est-elle sans tête ? Hortense me connait, elle sait que je suis curieuse. Que faire ? Après tout, c'est un secret. Elle ne m'en a jamais parlé. Oui, mais elle savait que je trouverais la statuette et les lettres. J'ai besoin de savoir. »
La boutique de vin d'Eugène, dont il parlait dans ses lettres à Hortense, n'est pas loin de la librairie où elle travaille.
À partir de maintenant, elle passe chaque soir devant cette boutique. C'est toujours le même jeune homme, un beau grand brun qu'elle observe à travers la grande vitrine. Il semble sympathique.
Ce soir là, Vanessa la détective **prend son courage à deux mains** . Elle entre dans la boutique.
- Bonsoir, Madame !

Elle n'y va pas par quatre chemins.
- Bonsoir, Monsieur ! J'aimerais voir le flacon que vous avez en vitrine, s'il vous plaît. Vanessa montre du doigt l'objet qu'elle observe depuis des jours.

le tonneau

das Weinfass

- Je suis désolé, Madame. Mais il n'est pas à vendre.
- Est-ce que je peux tout de même voir le **capuchon** de près, s'il vous plaît ?
- Oui, si vous voulez. Vous vous intéressez à la sculpture ? demande-t-il, très attentionné.
- Si on veut, répond-t-elle.

Elle regarde bien la tête de la liseuse.

- Mon grand-père était grand amateur de vin et d'art aussi. C'était à lui.

L'émotion de Vanessa **touche** le jeune homme.

- Je m'appelle Marc. Enchanté. C'était sa boutique ici, je l'ai reprise.

Il lui serre la main.

- Vanessa.

Elle lui sourit.

Ils se regardent quelques secondes intensément. Quelque chose se passe entre eux.

Assise sur son canapé, la petite-nièce met de l'ordre dans ses pensées. Est-ce que le vendeur connait l'histoire de son grand-père ? Est-ce qu'elle va lui en parler ?

Le lendemain, Vanessa repasse à la boutique avec la sculpture dans son sac. Elle s'est faite très belle.

Bonsoir Monsieur, vous vous souvenez de moi ? Je suis passée hier.

- Oui bien sûr !

Marc est content de la revoir.

- J'aimerais vous montrer quelque chose. Est-ce possible ?

11 **prendre son courage à deux mains** - sich trauen
12 **ne pas y aller par quatre chemins** - keine Umschweife machen
13 **le capuchon** - der Verschluss
14 **toucher** - berühren

- Volontiers, oui, avec plaisir. Si vous voulez, nous pouvons allez prendre un verre ensemble dans la brasserie d'en face. Je voulais fermer la boutique de toute façon.
- D'accord, je vous attends là-bas.

Dans la brasserie, elle montre la sculpture à Marc.
- Je pense que la tête en marbre rose était à cette statuette. Elle **appartenait à** ma grand-tante.
- J'ai trouvé cette tête dans la table de nuit de mon grand-père. Elle était importante pour lui, mais il ne m'a jamais raconté pourquoi. Je ne savais pas quoi faire avec, j'ai eu l'idée du capuchon.
- J'ai aussi retrouvé des lettres. Votre grand-père et ma grand-tante se connaissaient, dit-elle avec **pudeur**.
- Ils s'aimaient ? Il ne m'en a jamais parlé.
- Elle ne m'en a jamais parlé non plus. Ils ont tous les deux gardé cet amour secret toute leur vie.
- C'est très émouvant.

L'histoire d'Hortense et Eugène rapproche Vanessa et Marc. Ils sont **complices** d'un secret. Au fil des heures, des verres de vin choisis et de calvados, Marc et Vanessa échangent leurs souvenirs d'enfance. Ils **se plaisent** et n'ont plus tellement envie de se quitter ce soir là.
Ils se donnent rendez-vous le lendemain à la fermeture de la boutique.

Vanessa est radieuse. Marc semble amoureux.
- Marc, j'ai réfléchi toute la nuit et toute la journée. Je vais ouvrir ma librairie.
- C'est une très bonne idée, Vanessa. Je peux t'aider si tu veux.
- Pour commencer, je dois trouver un espace.

- Et bien, la boulangerie à côté de ma boutique vient de fermer. Je connais bien le propriétaire. Une seconde, je l'appelle.
- Allô, Monsieur Clément ? Bonsoir, c'est Marc. Une petite question. Est-ce que la boulangerie est encore à louer ?
- Oui, tout à fait, Marc. Vous voulez vous agrandir ? demande le propriétaire.

La question **anodine** de Monsieur Clément a donné une idée à Vanessa et Marc qui va transformer leur vie. Ils discutent toute la nuit de la librairie-vinothèque qu'ils vont ouvrir ensemble.

- Et on créera un coin confortable où les gens pourront lire et boire un verre de vin tranquillement.
- Et on mettra la statuette de ma grand-tante et d'Eugène dans la vitrine. Elle pose sa tête sur son épaule, il lui prend la main.

Ils y sont déjà.

15 **appartenir à qn** – jdm. gehören
16 **la pudeur** – das Feingefühl; die Scham
17 **complice** – verständnisinnig
18 **se plaire** – sich mögen
19 **anodin(e)** – unbedeutend

Zahllose Touristen strömen jedes Jahr nach **Rouen** und dabei auch zum **Place du Vieux-Marché**.

Der historische Platz mit seinen vielen Fachwerkhäusern ist auch bekannt als **Place Jeanne d'Arc**. Die französische Nationalheldin wurde hier, nachdem sie dem französischen Thronfolger gegen die Engländer zum Sieg verholfen hatte, später infolge eines von den Engländern angestrengten Inquisitionsprozesses gefoltert und schließlich am 30. Mai 1431 lebendig verbrannt.

Heute wird Jeanne d'Arc von der römisch-katholischen Kirche als Märtyrerin, Jungfrau und Heilige verehrt.

Ein berühmtes Kind der Stadt ist der Schriftsteller **Gustave Flaubert**, dessen berühmtester Roman **Madame Bovary** teilweise in Rouen spielt.

le toit d'ardoises

das Schieferdach

la maison à colombages

das Fachwerkhaus

la façade

die Fassade

le clocher

der Kirchturm

Rouen trägt aufgrund seiner mächtigen Kathedrale und seiner vielen Kirchen auch den Beinamen **die Stadt der 100 Kirchtürme**. Der Turm der Kathedrale ist mit seinen 151 Metern der höchste Europas.

Übrigens gilt Rouen seit 2003 als kinderfreundlichste Stadt Frankreichs.

7 GÉRARD ET LES AUTRES

23 heures sur l'autoroute.

- **Mais avance, enfin !** crie Gérard agressif dans son quatre-quatre.
- Gérard, fais attention, s'il te plaît, on va avoir un accident si tu roules trop vite, dit Marianne gentiment, assise à côté de son mari.

Gérard ne répond pas.

Leurs deux filles, Cloé, 17 ans et Susanne, 13 ans essaient de dormir. Ils vont traverser la France d'est en ouest, comme chaque année au mois d'août. 791 kilomètres séparent Besançon de Saint-Nazaire. C'est leur départ en vacances mais l'atmosphère est tendue dans la voiture qui tire la caravane.

Gérard, 40 ans, n'est pas méchant mais il a un caractère rigide. Il désire tout contrôler. Ce qu'il ne connait pas représente une **menace** pour lui : d'ailleurs, il passe ses vacances sur le même terrain de camping depuis qu'il a rencontré sa femme.

Il est environ 8 heures du matin. La grosse voiture se gare sous les grands pins parasols du terrain de camping.

Gérard et Marianne ont l'habitude de monter l'**auvent** devant la caravane, ils seront vite installés.

Gérard jette immédiatement un œil sur la **plaque d'immatriculation** de ses nouveaux voisins de camping. Mais il ne connait pas le 59 et demande à Marianne :

Frankreich besitzt außerdem 5 Übersee-**départements**: Französisch-Guayana, Guadeloupe, Martinique, Mayotte und Réunion.

In Frankreich gibt es 96 Verwaltungsbezirke, die sog. **départements**.

Mehrere **départements** bilden dabei eine **région** - davon gibt es wiederum 22 im Land.

Alle **départements** sind weitgehend alphabetisch durchnummeriert. Diese Nummer bildet auch die letzten Stellen der alten Kfz-Kennzeichen (bis 2009).

– Dis-moi, tu sais toi à quel **département** correspond le 59 ?

1 **Mais avance, enfin!** – Jetzt fahr endlich!

2 **la menace** – die Drohung

3 **l'auvent** (m.) – das Vorzelt

4 **la plaque d'immatriculation** – das Kfz-Kennzeichen

5 **le département** – der Verwaltungsbezirk

Moules-frites (Miesmuscheln mit Pommes) ist ein beliebtes Gericht in Nordfrankreich & Belgien.

- C'est le Nord, je crois ! répond Marianne.
- Tiens, des mangeurs de **moules-frites** ! dit Gérard.
- Qu'est ce que tu dis ? demande Marianne.

Il ne répond pas.

Gérard s'énerve tout seul parce qu'une roue de la voiture de ses voisins dépasse sur son emplacement. **Il parle dans sa moustache** :

- Mais pour qui ils se prennent, ceux-là ? Je ne ferais jamais ça, moi ! **Quel culot !**

Pour se calmer Gérard va courir sur la plage.

Marianne, elle, va chez le coiffeur prendre rendez-vous, puis va s'inscrire à son cours de yoga. Cloé et Susanne vont manger une glace et faire un tour de **balançoire**.

- Mesdames et Messieurs, votre attention, s'il vous plaît. France Météo annonce une tempête dans la Loire-Atlantique. La direction du camping vous demande de plier et de mettre en sécurité vos chaises et vos tables ainsi que tous les objets légers. Contrôlez bien également si vos tentes sont parfaitement fixées, annonce un employé du camping à travers un mégaphone.

Il fait le tour du camping pour prévenir tous les campeurs.

Susanne et Cloé sautent de la balançoire et courent vers leur caravane.

- Venez les filles, aidez-moi, s'il vous plaît, à mettre tout ça dans le coffre de la voiture, dit Gérard à Susanne et Cloé.
- Il faut aussi fixer mieux l'auvent. Allons demander de la ficelle aux nouveaux voisins, dit Cloé.

- Je ne les connais pas, on va **se débrouiller**, répond Gérard.
Un garçon s'approche de Susanne.
- Bonjour ! J'ai trouvé ce porte-monnaie par terre. Il est tombé de ta poche quand tu as couru.
- Merci, c'est gentil. Je m'appelle Susanne et toi ?
- Ahmed et j'ai 13 ans !
- Comme moi, j'ai 13 ans aussi ! T'es où sur le camping ? demande Susanne au garçon.
- Je suis là avec mes parents, dit Ahmed. Il lui **montre** la caravane qui vient du 59.

Gérard, reconnaissant la gentillesse d'Ahmed, ne dit rien.
- Si tu veux, on pourra aller faire un tour de balançoire tout à l'heure. Mais d'abord, il faut que j'aide mon père à cause de la tempête, dit Susanne à Ahmed.
- Je peux vous aider, si vous voulez.
- On va avoir besoin de ficelle.
- Peut-être que mes parents en ont, je reviens tout de suite.
- Il tombait quand même bien ce petit gars ! dit Gérard qui ne gronde pas Susanne à cause du porte-monnaie.

Il **s'inquiète** plutôt pour sa voiture: quand il y a des tempêtes, il tombe parfois de la grêle qui pourrait **cabosser** son quatre-quatre.
Ahmed revient accompagné de son père.
- Bonjour Monsieur, je m'appelle Khaled.
- Bonjour, répond Gérard surpris.
- Je suis le père d'Ahmed. Vous avez entendu ? Il va y avoir une grosse tempête. Gérard ne répond pas.
- Papa, je peux aller jouer avec Ahmed ?

6 **parler dans sa moustache** - leise und undeutlich sprechen
7 **Quel culot!** - So eine Frechheit! / Unverschämtheit!
8 **la balançoire** - die Schaukel
9 **se débrouiller** - zurechtkommen
10 **montrer qc à qn** - jdm. etw. zeigen
11 **s'inquiéter** - sich Sorgen machen
12 **cabosser** - verbeulen

- Oui, bien sûr, ma chérie. Mais ne t'éloigne pas trop.
- Soyez gentils, ajoute Khaled et propose à Gérard : j'ai une **bâche** très solide assez grande pour protéger deux caravanes et deux voitures de la grêle.

Khaled explique à son voisin comment faire, mais Gérard est **tiraillé** : Est-ce que je peux faire confiance à cet homme ? Mais pourquoi est-ce qu'il veut m'aider ? Ce monsieur Khaled a une idée grandiose avec la bâche. Qu'est-ce que je fais ?

- À deux, cela va très vite. Alors ? Qu'est-ce que vous en dites ?
- Bonjour Monsieur, c'est d'accord ! dit Marianne qui arrive derrière Gérard.
- C'est d'accord, répète Gérard.

Les deux hommes **s'appliquent** à bien fixer la bâche. Gérard, fidèle à son caractère, reste sur ses gardes malgré la gentillesse de Khaled. Une fois terminé, il remarque qu'il a pris un plaisir énorme à se mettre d'accord et à discuter avec Khaled pour bien tendre la bâche.

Il n'y a pas eu de blessés mais les **dégâts** sur le terrain de camping sont assez gros. Grâce à la bâche, il n'y a rien de cassé ni chez Gérard ni chez les Marocains. « Vraiment, c'était une très bonne idée », pense Gérard.

Pour fêter le succès de leur modèle de construction, Khaled prépare un de ses plats préférés et invite toute la famille **bisontine** à manger des moules-frites.

Le soir, allongé devant la télé, Gérard repense à sa journée et à ses **préjugés**. Il dit à Marianne :

- Finalement, ils sont très agréables nos voisins. On va aussi les inviter à manger.

Gérard sent comme une sympathie envers Khaled à laquelle il ne s'attendait pas.

Il s'endort, **paisible**.

Le lendemain matin, il y a de nouveaux voisins à côté de la famille marocaine.

- Des Chinois ! Marianne, réveille-toi... dit Gérard à sa femme.

13 **la bâche** - die Plane
14 **être tiraillé(e)** - hin-und hergerissen sein
15 **s'appliquer à qc** - sich bei etw. Mühe geben
16 **le dégât** - der Schaden
17 **bisontin/bisontine** - aus Besançon
18 **le préjugé** - das Vorurteil
19 **paisible** - friedlich

8 PATRICIA ET LOUIS

C'est son premier jour. Patricia, habillée tout en bleu, **pédale** vite pour ne pas arriver en retard. Elle siffle en rythme « À bicyclette » d'Yves Montand pour garder la **cadence**. Ses longs cheveux bouclés de belle métisse caressent l'air de l'automne. L'agence de publicité où elle commence est à la Krutenau, un vieux quartier de Strasbourg. Elle est fière d'avoir été retenue pour ce poste d'assistante. Elle a 25 ans. C'est son premier vrai emploi. Elle se sent adulte, elle est heureuse.

Louis, 28 ans, est très attirant : cheveux gris et courts, encore un peu bronzé de ses vacances dans les Pyrénées, il a un très beau sourire au milieu de sa barbe. **Habillé décontracté** - jean, sweatshirt et basket, il traverse le marché de la rue Munch, échange deux trois mots en alsacien avec les commerçants avant d'aller travailler à l'agence où Patricia commence aujourd'hui.

Il vient juste d'arriver quand elle pousse la porte en verre de l'agence. Il l'**accueille** très **gentiment**.

- Bonjour Patricia, et bienvenue à « Art et Jour ». Je m'appelle Louis.

- Bonjour, Louis ! Nous nous sommes vus quand j'ai eu mon **entretien d'embauche**, je crois ?
- Oui, tout à fait. C'est toujours moi qui assiste le directeur de l'agence pendant les entretiens. Je **n'étais pas de bonne humeur** et j'ai été un peu dur avec vous, je crois. Ce n'était pas mon jour. Je vous présente mes excuses.

Patricia est surprise, mais ça lui fait plaisir. Elle lui sourit, charmante.

- C'est très gentil de me dire ça. Excuses acceptées, Louis !

Mais ce n'était pas grave. Et puis, j'ai eu le poste. Merci !

Il la regarde amicalement.

- Merci aussi d'accepter mes excuses. C'est important, le respect entre collègues.

Patricia et Louis hochent la tête et se regardent.

- Patricia, j'ai l'impression que nous sommes sur la même **longueur d'onde**.

Voilà votre bureau ! Enlevez votre manteau et venez, je vais vous faire visiter l'agence et vous présenter à vos nouveaux collègues de travail.

- D'accord, allons-y, dit Patricia.

Au bout de 30 minutes Louis et Patricia ont fait le tour de l'équipe.

1 **pédaler** - in die Pedale treten
2 **la cadence** - der Rhythmus
3 **habillé décontracté** - lässig angezogen
4 **accueillir qn gentiment** - jdn. freundlich empfangen
5 **l'entretien d'embauche** - das Vorstellungsgespräch
6 **être de bonne/mauvaise humeur** - gute/schlechte Laune haben
7 **la longueur d'onde** - die Wellenlänge
8 **au bout de** - nach

- Et enfin, voici mon bureau.
- Qu'est-ce que vous faites, Louis ?
- Je suis l'assistant du directeur artistique. Voilà, je vous ai tout montré. Jusqu'à la pause de midi, vous pouvez **vous familiariser** avec votre ordinateur. Si vous avez des questions, Magalie y répondra cet après-midi.
- Très bien, merci, Louis.

Patricia est **agréablement surprise** par la gentillesse de Louis et la bonne ambiance dans l'agence. Elle pense « Je vais me sentir bien ici ».

La matinée passe très vite.

- Toute l'équipe déjeune ensemble une fois par semaine. Vous nous accompagnez, Patricia ?
- Oui, très volontiers, Louis. J'arrive ! Où est-ce qu'on va ?
- On va à l'Ancienne Douane. Mais tu n'es pas **obligée** de manger une choucroute !
- Au contraire, j'adore ça, la choucroute !
- Dites, Patricia, on peut peut-être **se tutoyer** ?
- Oui, d'accord, pas de problème.
- Écoute, il faut que je te raconte. Tu sais pourquoi j'étais énervé le jour de ton entretien ?
- Dis-moi, Louis.
- Je cherche un appartement en ce moment. Le propriétaire n'a pas voulu m'accorder **le bail** parce que je voulais emménager avec mon compagnon. C'est fou ça, non ?
- Je comprends, en effet, pourquoi tu étais en colère. Il y a de quoi.
- Il m'a dit ouvertement qu'il ne voulait pas de couple homosexuel dans son immeuble. Ça m'a choqué.
- Oui, on rencontre parfois des gens un peu **vieille France** !

Après sa première journée de travail, Patricia se sent toute légère sur le chemin de la maison. Elle sait qu'elle sera acceptée comme elle est. Elle est comblée. Pour fêter son nouvel emploi, elle s'offre des fleurs qu'elle mettra sur la table samedi soir.

- Bonjour, Madame ! Que **puis-je** faire pour vous ?
- Bonjour, Madame ! **Si vous permettez**, j'aimerais composer un bouquet moi-même.
- Faites comme vous voulez, Madame ! Dites-moi simplement ce que vous voulez.

Patricia regarde toutes les fleurs du magasin et choisit les plus belles. Elle crée d'abord le bouquet dans sa tête, puis dit :

- Je voudrais cet hortensia bleu au milieu, ces trois glaïeuls mauves, ces trois énormes roses blanches et trois de ces beaux dahlias orange tout autour, s'il vous plaît.

La vendeuse fait une grimace pour exprimer son désaccord :

- Vous devriez prendre les dahlias blancs ou roses. Ce serait plus joli quand même. L'orange et le rose ne **vont** pas **ensemble** du tout ! Enfin, vous faites ce que vous voulez.
- Exactement, Madame, je fais comme je veux ! Et comme le dicton le dit si bien : Les goûts et les couleurs, ça ne se discute pas ! « Pas très tolérante cette dame », pense Patricia.
- Vous avez tout à fait raison. Excusez-moi !
- Bonne soirée, Madame.
- Au revoir, Madame.

Le lendemain à l'agence...

- Louis ? Alex et moi, nous organisons une soirée à la maison. Tu es libre samedi ? Ça nous ferait plaisir **que tu viennes**. Alex aimerait faire ta connaissance.

9 **se familiariser avec qc** - sich mit etw. vertraut machen
10 **agréablement surprise** - angenehm überrascht
11 **obligé(e)** - verpflichtet
12 **se tutoyer** - sich duzen
13 **le bail** - der Mietvertrag
14 **vieille France** - (hier:) altmodisch
15 **Que puis-je ... ?** - Was kann ich ...?
16 **Si vous permettez...** - Wenn Sie erlauben ...
17 **aller ensemble** - zusammenpassen
18 **le lendemain** - am Tag darauf
19 **que tu viennes** - dass du kommst

- Merci, c'est gentil. Je n'ai rien de prévu. Volontiers, oui, j'accepte avec plaisir.

Il a un ton **hésitant**.

Patricia **ressent une gêne** chez Louis et ajoute :

- Viens avec ton copain si tu veux, c'est plus sympa.
- D'accord, bonne idée. Si ça ne dérange pas trop Alex ?

Patricia rit amicalement.

- Alex a l'esprit très ouvert. Tu verras. À samedi alors !

Le samedi soir, Louis et Antoine frappent à la porte de Patricia et Alex. C'est Alex qui va ouvrir.

- Bonsoir ! Tu es certainement Louis. Entrez, je vous en prie.

Patricia arrive derrière Alex, prend sa **compagne** par la taille et dit :

- J'avais envie de vous réserver une petite surprise.
- C'est réussi, Patricia, dit Louis.

Ils se font tous la bise.

- Que la fête commence ! lance Louis.

Ils rient tous ensemble.

20 **hésitant(e) -** zögerlich
21 **... ressent une gêne ... -** ... spürt eine Verlegenheit ...
22 **la compagne -** die Lebensgefährtin

9 OUI !

« Ma très chère Pierrette,
Hugo et moi, nous allons nous marier !
Je serais très heureuse si tu venais à mon mariage. Nous fêtons cet événement dans la propriété d'un ami au bord de la Dordogne. C'est un véritable paradis. Très calme. Comme tu le vois sur l'invitation, ça s'appelle Château Pitray, mais c'est très simple. Ce sera une belle fête avec nos meilleurs amis. Bien sûr, il y aura une **pièce montée**.
Tu te **souviens** quand nous étions petites ?
On adorait ça !
J'attends de tes nouvelles. Je t'embrasse,
Leïla »

La future mariée est assise à son bureau. Elle écrit quelques lettres personnelles à ses meilleurs amis pour les inviter à son mariage. Parfois **un doute** traverse son esprit « Est-ce la bonne décision de se marier ? » Mais elle **chasse** aussitôt cette pensée. « Les doutes, **ça fait partie du jeu** » pense-t-elle. Il est déjà tard. Ses petits yeux sont fatigués. Elle met les lettres qu'elle apportera à la poste demain matin sur la commode de l'entrée. Elle

typisch französische Hochzeitstorte

remonte ses cheveux roux et prend un bain bien chaud pour se détendre. Puis elle se glisse dans son lit et s'endort.

« Chère Leïla,
Je suis très heureuse pour toi. C'est formidable. Comme tu le sais, je ne travaille pas en ce moment. Cela me ferait très plaisir de t'aider à préparer ton mariage. Je pourrais aussi te conseiller pour choisir ta robe par exemple. Et tout simplement te tenir compagnie. Je suis impatiente de découvrir Pitray. Bises.
Ton amie Pierrette »

Leïla est sur la route pour aller chercher Pierrette. Elle est en retard à cause des **bouchons**. Elle entre dans l'aéroport de Bordeaux et voit Pierrette de loin dans le hall des arrivées. Son amie tire une petite valise à roulettes qui fait un bruit incroyable. Elle marche d'un pas déterminé dans la mauvaise direction.

- Pierrette ! Pierrette ! Pierrette ! crie Leïla.
  La jolie petite jeune femme pleine d'énergie continue son chemin. Leïla se met à courir derrière son amie.

1 **se souvenir –** sich erinnern
2 **le doute –** der Zweifel
3 **chasser –** verjagen
4 **ça fait partie du jeu –** das gehört zum Spiel
5 **le bouchon –** der Stau

Chtac ! Elle se tort la **cheville**. Elle tombe.
Le carton de **flûtes de Champagne**

qu'elle avait dans les bras tombe avec elle, il s'ouvre et la musique du cristal stoppe Pierrette qui se retourne.

Leïla est sur le dos par terre. Elle se tient le pied.

- Leïla ma pauvre ! Tu t'es fait mal ?
- Pierrette, et comment ! Ça fait terriblement mal.
- Essaie de te relever et pose le pied. C'est bien. Ma chère Leïla, je suis tellement contente de te revoir.

Elles s'embrassent.

- Et moi donc. Ça fait tellement longtemps que nous ne nous sommes pas vues. Tu es magnifique, Pierrette !
- Assieds-toi là. Je vais aller chercher une **balayette**. Maintenant, accroche-toi à mon bras.

Les deux jeunes femmes marchent lentement vers la sortie.

- Écoute Pierrette, j'ai pris rendez-vous aujourd'hui pour faire l'essayage de ma robe. On y va !
- Ça va aller ? Tu es sûre ? Tu ne veux pas aller à l'hôpital ?
- Non, je déteste les hôpitaux !

Dans la **zone piétonne** de Bordeaux :

- Bonjour, Madame! Je viens pour essayer ma robe. Leïla présente son amie Pierrette à la vendeuse.

- C'est mon amie Pierrette qui vient de Paris !
- Enchantée, bonjour Mesdames. Votre robe est prête, Leïla, vous pouvez l'essayer.

Leïla entre dans la cabine d'essayage et ressort avec une **tête d'enterrement**.

- Non, ça ne va pas du tout. Regardez, ici c'est trop serré et là c'est trop large. Cette robe ne me va pas du tout ! Je ne peux même pas essayer les chaussures. Mon pied est trop gros maintenant !

Leïla est désespérée. Elle est **au bord des larmes**. Pierrette essaie de la calmer. La vendeuse arrive avec un verre d'eau fraîche.

- Ne vous inquiétez pas, Madame. Nous allons sans doute trouver une robe qui **vous ira** à merveille.
- On reviendra un autre jour, Leïla. Ne t'inquiète pas.
- De toute façon, on n'a pas le choix. Et puis tu restes quelques jours n'est-ce pas, Pierrette ?
- Oui, ma belle. Je vais conduire pour rentrer à Libourne. Ce sera mieux. Avec ton pied, tu ne peux pas vraiment conduire. Et puis tu pourras te **détendre**. Elle sourit à son amie.
- Heureusement que tu es là. C'est une bonne idée, Pierrette. Je serai co-pilote ! Voilà les clés. Les deux amies quittent Bordeaux.
- C'est vraiment magnifique cette région, j'adore ! s'exclame Pierrette.
- Oui, ça ressemble un peu à la Toscane, tu ne trouves pas ?
- Pour moi, c'est encore plus beau !

D'un seul coup la voiture s'arrête net.

- Mais qu'est-ce qui se passe ?

Leïla jette un œil sur le niveau d'essence.

6 **la cheville** – der Fußknöchel
7 **la balayette** – der Handfeger
8 **la zone piétonne** – die Fußgängerzone
9 **la tête d'enterrement** – die Trauermiene
10 **être au bord des larmes** – den Tränen nahe sein
11 **aller à qn.** – jdm. passen
12 **se détendre** – sich entspannen

- Mince, j'ai complètement oublié de passer à la station service.
- Oh non ! Ce n'est pas vrai !
- Bon, je vais appeler un dépanneur. Heureusement nous ne sommes plus très loin de la maison.

Elles arrivent chez Leïla.
- Zut, j'ai oublié les courses dans le coffre de la voiture !
Décidément cette journée tourne au cauchemar.
Pierrette, qui est d'un naturel plutôt **jovial**, prend une mine grave et demande à son amie :
- Est-ce que tu es bien sûre de toi ?
- Qu'est-ce que tu veux dire ?
- Ben, tous ces **incidents**. Ça peut être un signe. Tu ne penses pas ?
- Un signe de quoi ? demande Leïla qui ne comprend rien à ce que dit son amie Pierrette.
- Ben... que ce n'est peut-être pas le bon moment pour te marier. Ou que ce n'est pas la bonne personne, je ne sais pas moi.

Leïla la regarde **irritée**.
- C'était vraiment une mauvaise journée. Mais tu **exagères**. Ne nourris pas les doutes qui sont tout à fait naturels, s'il te plaît.
- Je disais ça comme ça. Oublie ce que je viens de dire. Excuse-moi.
- Et puis, on ne peut jamais être sûre de rien.
- Tu as raison, Leïla ! Pour finir la journée, je propose d'aller dans une petite cave très sympa avec des concerts de jazz. On va commencer à **enterrer ta vie de jeune fille**.
- D'accord. Très bonne idée. Je n'ai presque plus mal à la cheville.

Dans la cave de jazz, plein de copines du lycée attendent Leïla et Pierrette avec une grande bouteille de crémant.

- Surprise !

Elles passent une très bonne soirée toutes ensemble.

Leïla est très heureuse et oublie très vite la mauvaise journée qu'elle vient de passer.

Elles ont bu, Leïla et Pierrette appellent un taxi pour rentrer à la maison.

Épuisée, Leïla s'endort dans le taxi. Une ambulance traverse un **carrefour** « pin pon pin pon pin pon pin pon... ! »

Une sonnerie interminable ! D'un geste automatique, Leila éteint son réveil. Elle ouvre les yeux dans son lit **douillet**.

Après un bon café bien noir et une douche bien chaude, elle se prépare, met les invitations dans son sac à main et part travailler avec sa voiture.

In Frankreich machen Polizei-, Feuerwehr- und Krankenwagensirenen nicht **tatü tata** sondern **pin pon pin pon!**

13 jovial(e) – fröhlich
14 l'incident (m.) – der Vorfall
15 irrité(e) – verärgert
16 exagérer – übertreiben
17 enterrer la vie de jeune fille – den Junggesellinnenabschied feiern
18 épuisé(e) – erschöpft
19 le carrefour – die Kreuzung
20 douillet(te) – gemütlich

10 JEUNESSE EN JUILLET

– Mais où est Kevin ? On a dit « À la voiture à 11 heures », s'énerve Benjamin.

Kévin rêve d'être photographe. Tout l'intéresse. Il veut vivre des choses extraordinaires. C'est lui qui a organisé ce voyage à Carhaix en Bretagne où il vient de passer quatre jours formidables avec ses meilleurs copains. Ils aiment tous le rock et au festival des Vieilles Charrues, ils se sont amusés **comme des fous**.

– Regarde Benjamin, voilà Kévin ! Je **parie** qu'il voulait prendre quelques photos avant de partir, dit Pierre.

Pierre, un peu rêveur et très intelligent, est un grand blond, les cheveux courts et une longue mèche qui tombe sur un œil. Il marche souvent la tête baissée, les mains dans les poches. C'est le plus cool de tous.

– C'était génial, ce festival de rock. J'ai adoré. J'aimerais revenir l'année prochaine, les gars ! Excuse-moi, Benjamin, pour le **retard**.
– C'est ok, Kévin.
– C'est bon, Benjamin, on peut y aller, dit Clément qui

vérifiait le niveau d'eau et d'huile dans le moteur. Il s'intéresse à la mécanique. C'est aussi un passionné d'histoire d'aventure. Il rêve de découvrir un jour un trésor et de s'enrichir.

- Allez, tout le monde en voiture ! dit Benjamin.

Benjamin, lui, conduit. C'est le plus jeune, mais c'est le seul des quatre à avoir le **permis de conduire**. Il a un regard bleu très clair et le sens des responsabilités. Quand il parle, ses copains l'écoutent. Autrement, il fait de l'athlétisme et joue de la guitare. Pour conduire, il attache toujours ses beaux cheveux bruns avec un élastique.

Avant de rentrer à Tours, ils ont décidé ensemble d'aller du côté de Lorient pour voir la mer.

- Tout le monde a mis sa ceinture ? demande Benjamin.
- Oui ! répondent ses trois copains.
- C'est parti pour de nouvelles aventures ! dit Clément.

Kévin met la radio et ouvre le toit. Pierre laisse le vent dévoiler son beau visage et son deuxième œil. Benjamin est concentré. **Au bout d'**une petite heure, ils arrivent près de la côte. Ils ne savent pas exactement où il y a une plage. Clément voit un paysan tirer une charrette sur un petit chemin.

- Arrête-toi, Benjamin, s'il te plaît.

Clément sort la tête du toit.

1 **comme des fous** - wie Verrückte; wie Wahnsinnige
2 **parier** - wetten
3 **le retard** - die Verspätung
4 **vérifier** - überprüfen
5 **au bout de** - nach

- Bonjour, Monsieur ! dit-il.

Le vieil homme les regarde d'un air suspect et dit :

- Bonjour, petits gars ! Qu'est ce que vous cherchez par ici ?
- On cherche une plage tranquille. Vous connaissez le **coin** ?
- Un peu que je le connais !

Kévin a envie de faire un portrait du visage fascinant de ce personnage, mais il n'ose pas. Le paysan au visage dur et au regard **méfiant** répond :

- Vous n'êtes pas très loin... à quelques centaines de mètres...
  Mais après il faut marcher un **petit bout** jusqu'à la plage...
- Merci Monsieur, bonne journée.
- Adieu !

Benjamin gare la voiture sous un arbre.
Les garçons prennent leurs **serviettes de bain**. Il n'y a personne sur cette plage. Ils posent leurs affaires sur le sable.

- C'est vraiment tranquille ici, le paysan nous a indiqué un bon endroit, dit Pierre et va voir si l'eau est bonne.

Clément s'assoit et termine son chapitre.
Kévin mange son dernier croissant. Il voit une barque à 300 mètres environ et dit :

- On pourrait aller faire un tour en barque, qu'est-ce que vous en dites ?
- Si on reste près de la côte, dit Benjamin, il n'y a pas de problème.
- Les gars, je sens qu'on va trouver quelque chose. **J'en mettrais ma main à couper**... Une fois, j'ai lu dans un

magazine qu'une **cargaison** de champagne avait disparu près des côtes Bretonnes. On va chercher et on va trouver quelque chose, j'en suis sûr, je le sens..., dit Clément.

Les quatre garçons se mettent en maillots de bain et font un petit tour en barque. Benjamin et Clément font de la **plongée en apnée**. Benjamin a surtout envie de se rafraîchir. Clément, lui, regarde s'il ne trouve pas des caisses de champagne ! Kévin prend des photos de l'horizon. Pierre s'est allongé dans la barque et regarde le ciel.

Un peu plus tard, ils reviennent sur la plage.

Clément est triste de ne rien avoir trouvé dans la mer. Il était tellement sûr de lui.

- Nos affaires ? Où sont nos affaires ? demande Kévin.
- Les gars, on est trop nuls. C'est la **marée haute** maintenant, la mer a emporté nos habits, dit Pierre.

Clément se laisse tomber sur le sable.

- Mon livre, j'ai perdu mon livre !
- Heureusement que j'ai gardé les clés de la voiture sur moi ! C'est trop tard, on ne peut plus rien faire, dit Benjamin.

À part Clément qui **regrette** son livre, les garçons oublient rapidement leurs affaires.

- Les gars, on pourrait faire un **feu de camp** ici et dormir **à la belle étoile** cette nuit ! J'ai assez de trucs à manger dans la voiture. On est tranquille ici ! C'est génial, non ? dit Kévin.
- Et Benjamin, tu pourras nous jouer un peu de musique à la guitare, propose Pierre.

6 **le coin** – die Gegend; die Ecke
7 **méfiant(e)** – misstrauisch
8 **petit bout** – kleines Stück
9 **J'en mettrais ma main à couper.** – Dafür würde ich meine Hand ins Feuer legen.
10 **la cargaison** – die Ladung
11 **la plongée en apnée** – das Apnoetauchen
12 **la marée haute** – die Flut
13 **regretter** – (hier:) vermissen

- D'accord, ça marche, répondent Benjamin et Clément.
Benjamin et Kévin vont chercher les sacs de couchage, les chips, le chocolat et le fromage de Kévin. Il leur reste aussi une bouteille de vin et assez d'eau pour la soirée. Pendant ce temps, Clément et Pierre ramassent du bois pour faire du feu.

Pierre, les mains dans les poches et sa mèche blonde sur l'œil, marche dans le sable. Près de la dune, il **trébuche sur** quelque chose de dur. Il se baisse pour voir ce que c'est. C'est assez gros.
Il **creuse** autour, c'est un objet en bois avec un **couvercle**. Il le sort du sable.
- Clément ! Clément ! Viens voir, j'ai trouvé quelque chose !
Son copain court vers lui.
- Tu rigoles ? Je ne te crois pas.

- Si, regarde !

Les yeux de Clément brillent quand il voit l'objet.

- Je l'avais dit ! Ouvre, vite ! dit Clément.

Ils y trouvent quelques pièces de monnaie française du siècle dernier, une vieille montre et des **jumelles**.

- C'est génial Pierre. Je suis trop content. On viendra le chercher quand il fera nuit. Personne ne pourra nous voir.

Pierre trouve l'idée de Clément étrange, mais il ne dit rien.

Les garçons préparent le feu de camp et passent une très

14 **trébucher sur qc** – über etw. stolpern
15 **creuser** – buddeln
16 **les jumelles (f., immer Plural)** – das Fernglas

belle soirée ensemble. Clément est déjà allé chercher « son » trésor. Il s'endort avec l'objet dans les bras.
Au petit matin, un cri de mouette réveille Benjamin et Clément.
- Tu as bien dormi ?
- Très bien, et toi Clément ?
- Super bien. J'ai rêvé de la fin du livre que je ne reverrai jamais.
- **Qu'est ce que tu comptes faire** avec « ton trésor » ?
- Le garder bien sûr, répond Clément.
Pierre a entendu la conversation de ses deux amis. Il ouvre les yeux et dit :
- On ne sait pas qui a enterré cet objet. Qui sait ? C'est peut-être un enfant qui l'a caché ici. Il sera triste quand il **découvrira** que « son trésor » a disparu. Moi je suis pour remettre cet objet à sa place.
- Pierre a raison, dit Benjamin
À ce moment-là, Kévin se réveille et voit arriver le paysan qu'ils ont rencontré la veille.
- Regardez, les gars, qui voilà !
Le vieil homme qui tire sa charrette va droit vers eux. Clément cache l'objet sous son sac de couchage.
- Bonjour les petits gars.
- Bonjour, Monsieur, disent-ils.
- Vous n'avez rien perdu ? Il sourit. Heureusement que **je vous avais à l'œil**. Je vous ai suivi et j'ai pris vos affaires, autrement la mer les aurait emportées. Il faut faire attention quand la mer monte. La prochaine fois vous ferez attention !
- Nos affaires ! s'écrie Kévin.
- Mon livre ! **se réjouit** Clément.
- Merci, Monsieur, c'est très gentil, dit Benjamin.

Quand le paysan est parti, Clément regarde son livre et dit :

- Je suis trop content.

Il regarde Pierre.

- Ok, je comprends, si un enfant a caché cet objet ici, je ne veux pas le lui prendre. Je vais le remettre à sa place. Je vais aussi lui mettre mon livre à l'intérieur. Je n'ai plus que deux chapitres à lire. Il sera content !

17 **compter faire qc -** vorhaben, etw. zu tun

18 **découvrir -** entdecken

19 **avoir qn à l'œil -** jdn. im Auge behalten

20 **se réjouir -** sich freuen

11 CHOPIN, LE COCKER ANGLAIS

Christophe pose sa petite valise en aluminium dans le hall de la gare. Il nettoie ses lunettes avant de les remettre sur son nez. Le grand **panneau d'affichage** électronique annonce son départ pour la ville de Pau dans 40 minutes. Il vérifie trois fois pour être sûr. Il est venu tôt parce qu'il préfère attendre que de **manquer** son train. Aujourd'hui, il a son rendez-vous de l'année.

Bel homme, il ressemble un peu à Jean Dujardin, l'acteur qui a joué dans « l'Artiste ». Il est élégant et intelligent. Il aime écrire, voyager et rencontrer des gens. Il fait le métier dont il a toujours rêvé : reporter-journaliste. Cet après-midi, il va interviewer une star : JR est un DJ très célèbre. C'est rare qu'il accepte de donner une interview. Il est très timide et porte des lunettes de soleil de jour comme de nuit. JR avait une voix agréable quand ils ont téléphoné pour prendre rendez-vous à Pau. Ce sera une belle interview. Christophe est **impatient** de le rencontrer. C'est son idole. Il a bien préparé toutes ses questions sur son bloc-notes noir. Comme toujours, il a son chien, Chopin avec lui.

Quelqu'un joue du piano dans le deuxième hall. Chopin tend son oreille gauche. Il adore la musique et quand il entend une mélodie ou sent que quelqu'un aime la musique comme lui, il est impossible de le **freiner**.

Bien sûr, il veut écouter le piano de plus près. Il tire donc sur la **laisse** et **aboie** gentiment pour faire comprendre à son maître où il veut aller.

- D'accord, Chopin, j'arrive ! On va aller écouter la musique.

Christophe prend sa valise avec l'appareil d'enregistrement et son micro dedans.

« C'est incroyable comme il joue bien cet homme », pense Christophe. Petit garçon, il prenait des cours de piano le mercredi après-midi. Il aimait jouer, il adorait ça.

- Attends, on va l'enregistrer, dit Christophe à son cocker.

Il y a 6 mois, le journaliste a écrit un article sur les pianos qui sont mis **à disposition** des voyageurs dans les gares de France. Il y a toujours quelqu'un qui y joue. « C'est vraiment une idée géniale ! » pense Christophe.

Ils écoutent la belle mélodie un bon moment.

- Allez, viens Chopin, c'est l'heure de prendre notre train.

Le fan de DJ JR **composte** son billet et celui de son chien. Ils montent dans le train qui démarre immédiatement. Le contrôleur annonce avec l'accent du sud-ouest :

- Mesdames et Messieurs, bienvenus à bord de l'Intercités à destination de Bayonne. Il y a des travaux sur la **voie** et le train arrivera à destination avec 30 minutes de retard. Nous vous prions de bien vouloir nous excuser des

1 **le panneau d'affichage** – die Anzeigetafel
2 **manquer** – verpassen
3 **être impatient(e) de faire qc** – es kaum erwarten können etw. zu tun
4 **freiner** – bremsen
5 **aboyer** – bellen
6 **à disposition** – zur Verfügung
7 **composter** – entwerten

la voie – die Gleisstrecke

éventuels **désagréments** causés par ce retard. Nous vous souhaitons un agréable voyage.

Quand Christophe a acheté ses billets de train **au guichet**, on ne lui a pas parlé de travaux sur la voie. S'il arrive à Pau à 16 h 35 au lieu de 16 h 05, il aura 25 minutes pour arriver à son rendez-vous. « **Ça devrait aller** » pense Christophe. Il n'aime pas être stressé avant un rendez-vous, il prendra un taxi.
La rencontre avec DJ JR est une occasion unique. Il n'a pas le droit d'arriver en retard. Qui sait si DJ JR **l'attendrait** ?
Christophe reste **confiant**. Il prend sa tablette androïde et travaille sur un article qu'il enverra le soir même. Chopin est assis à ses pieds sous son siège.
Après Lourdes, la fameuse ville de **pèlerinages** aux pieds des Pyrénées, le train roule de plus en plus lentement.
Christophe est impatient, il est déjà 16 h 30.

Finalement, le train arrive en gare de Pau à 16 h 45. S'il n'y a pas d' **embouteillages** au centre ville, il sera à l'hôtel de DJ JR à 17 heures.
- Allez viens Chopin, nous n'avons pas une minute à perdre.
À la sortie de la gare, Christophe prend son portable pour appeler DJ JR. Il veut lui dire qu'il aura peut-être quelques minutes de retard. À ce moment là, Chopin voit une **chienne** !
Il aboie et tire de toutes ses forces sur la laisse. Christophe est concentré sur son portable, il cherche le numéro de DJ JR. La laisse du cocker glisse des mains de Christophe. Chopin court jusque derrière un kiosque à journaux où un guitariste joue un morceau de Georges Brassens. « Oh, non ! Ce n'est pas vrai, Chopin !», pense Christophe désespéré. « Tu vas me faire rater mon rendez-vous avec DJ JR ».

- Chopin, viens ici tout de suite. Chopin, aux pieds, immédiatement !

Le petit cocker anglais flirte avec une chienne très mignonne sur le parking de la gare. Christophe la voit monter dans une voiture noire et Chopin monter avec elle. Il met son portable dans la poche de sa veste et court vers la Renault Mégane noire. Il prend son chien pour le sortir de la voiture.

La petite chienne aboie **tant qu'elle peut**.

- Soit gentille, Camille ! dit l'homme **planté** derrière le maître de Chopin.

Christophe **reconnait** la voix de son idole. Il se retourne avec Chopin dans les bras et **se retrouve nez-à-nez** avec DJ JR.

8 **le désagrément** - die Unannehmlichkeit
9 **au guichet** - am Schalter
10 **ça devrait aller** - es müsste gehen
11 **attendre qn** - auf jdn. warten
12 **confiant(e)** - zuversichtlich
13 **le pèlerinage** - die Pilgerfahrt
14 **l'embouteillage** (m.) - der Stau
15 **tant qu'elle peut** - so viel sie kann
16 **planté(e)** - stehend
17 **reconnaître** - erkennen
18 **se retrouver nez-à-nez** - sich plötzlich gegenüberstehen

12 HISTOIRE D'OPÉRAS

Vous aimez l'Opéra Garnier ? Il est vieux, il a toutes ces statues, ces **dorures** ; il ressemble à un gros gâteau ou à une boîte de bonbons ? Peut-être est-il moins chic que l'Opéra Bastille, le nouveau ? Moi je connais les deux et je les connais de l'intérieur, alors je peux vous dire ce que j'en pense.

À Garnier, j'entre par la rue Scribe, par l'arrière. C'est par là qu'on rentre quand on fait partie du spectacle, par l'entrée des artistes, une porte cachée au fond d'une petite cour avec des pavés. À Bastille, l'entrée des artistes est rue de Lyon, une porte **toute bête** un peu plus bas que la rue.

À Garnier, de vieux escaliers vont aux loges, des escaliers si usés par des générations et des générations d'artistes qu'ils **penchent**. À Bastille, il y a des escalators un peu comme dans un centre commercial.
Bref, vous avez compris, je préfère le vieux, l'ancien, le Paris du XIXème siècle, celui des **passages couverts** où les belles dames allaient se promener sans salir leur robe. Je ne connaîtrai jamais ce passé de rêve et il me semble si parfait !

À l'opéra, je ne m'intéresse pas aux grands escaliers ; oui ils **émerveillaient** le public du **Second Empire** et ils émerveillent encore le public d'aujourd'hui. J'ai chez moi une petite carte postale d'un tableau que j'ai vu au Musée

1 **toute bête** – ganz einfach
2 **pencher** – schief sein
3 **le passage couvert** – die überdachte Passage
4 **émerveiller qn.** – jmds Bewunderung erregen
5 **le Second Empire** – das zweite Kaiserreich (1862-1870)

d'Orsay : « Escalier de l'Opéra de Paris » par Victor Navlet ; les visiteurs y sont comme des petites mouches, perdus dans l'**immensité** de ce hall d'entrée, au milieu des colonnes, des dorures, des statues, c'est trop ! Moi je préfère mon petit escalier qui penche, celui du côté des artistes...

Vous vous dites : qu'est-ce qu'elle fait ? Qui est-elle ? Un **petit rat de l'opéra** ? Un grand **chef d'orchestre** ? Une diva ? Un violoniste de l'orchestre ? Vous voulez des indices ?
Allez, je vais vous aider : je ne joue pas d'un instrument, je viens travailler à l'opéra les mains dans les poches, ni chaussons de danse, ni tutu, j'ai tout dans la tête et tout dans la gorge. Vous avez trouvé ? Et je ne suis pas connue, ni célèbre, je n'ai pas d'imprésario, je ne fais pas de carrière, mon nom est écrit tout petit dans les programmes : Juliette Daligre. Vous **donnez votre langue au chat** ? Je chante dans le chœur. Un petit point dans la grande machine de l'opéra. Mais quelle vie, quelle magie : travailler ici, chanter sur cette scène, en costume et, à la fin du spectacle, découvrir le plafond peint par Chagall quand les lumières se rallument...

Voilà, nous nous sommes présentés ; maintenant il faut que je vous raconte pourquoi je n'aime pas l'Opéra Bastille. Vous pensez que j'exagère ? Attendez et écoutez-moi...

L'histoire se passe il y a quinze ans. Je travaille à l'Opéra Garnier, mon cher vieil Opéra Garnier. Le spectacle est un opéra du XVIIIème siècle et déjà je m'imagine avec une grande et belle robe, de la **dentelle**, un vrai rêve de petite fille...

Deux mois avant, ma cousine Armelle est venue chez moi pour le thé et nous avons bien rigolé ! Elle devait m'aider à **remplir** une **fiche de mesures**. Vous savez : pour faire les costumes, il faut les mesures de tout, les poignets, le tour de tête, l'avant-bras, la taille, le mollet... Armelle avait un **mètre-ruban** et me disait : « arrête de bouger, **je n'y arrive pas** ! » On a presque renversé nos tasses de thé...

Et finalement, le jour de l'**essayage** des costumes arrive. Attention, pour l'essayage je dois aller à l'Opéra Bastille, dans un autre arrondissement de Paris. Je prends le métro, la ligne une jusqu'à la station Bastille ; le métro passe au bord du bassin de l'Arsenal, c'est si beau, bref c'est une belle journée qui commence. Je cherche la rue de Lyon, celle qui part vers la gare de Lyon, numéro cent vingt, je descends les marches pour trouver l'entrée des artistes et là, attention, j'entre dans un labyrinthe !

Messieurs dames, si vous entrez à l'Opéra Bastille seulement du côté du public, vous ne connaissez rien ! De l'autre côté commencent les problèmes, de l'autre côté vous allez vous perdre, être en retard ! **Tellement d'**étages, tellement de couloirs, et surtout tellement d'ascenseurs. Moi, depuis ce jour, je déteste les ascenseurs. Imaginez : vous prenez un premier ascenseur, vous descendez d'un étage, vous prenez un couloir – par exemple pour chercher les toilettes ou la machine à

das Maßband

6 **l'immensité** – die unendliche Weite
7 **le petit rat de l'opéra** – junge Tanzschülerin an der Oper
8 **le chef d'orchestre** – der Dirigent
9 **donner sa langue au chat** (Redewendung) – das Raten aufgeben
10 **remplir** – ausfüllen
11 **la fiche de mesures** – das Maßformular
12 **ne pas y arriver** – es nicht schaffen
13 **l'essayage** (m.) – die Anprobe
14 **tellement de** – so viele

café – puis vous reprenez l'ascenseur, enfin vous croyez que vous prenez le même mais ce n'est pas le même : alors c'est la panique, vous n'êtes **plus du tout au même endroit** ! Tous les couloirs sont les mêmes et tous les ascenseurs aussi. Escalier de droite, escalier de gauche ? Premier, deuxième, troisième ou même quatrième **sous-sol** ? Du coup vous ne savez plus où vous êtes, vous allez être en retard, et puis les couloirs sont si longs, tout est si grand !

Je suis perdue dans l'immensité de ce grand opéra moderne. Courage, Juliette ! Dehors je vois Paris, la place de la Bastille, les voitures tournent, le soleil brille et moi je suis comme enfermée, en prison. Je me dépêche pour retrouver mon chemin, je vais être en retard pour mon essayage, je marche plus vite. Voilà un grand couloir, je le prends, et là, qu'est-ce que je vois sur le mur ? Deux énormes têtes de **taureaux**, chacune aussi grande qu'une armoire, on peut les voir de très loin... Je suis surprise puis je ris : bien sûr, il ne faut pas avoir peur : ce sont simplement des décors d'opéra, et cet opéra c'est Carmen !

Lorsque j'arrive finalement à la salle d'essayage, je suis en retard de vingt minutes, **je suis désolée**: je me réjouissais tellement de venir essayer mes costumes et je ne suis pas à l'heure. Je m'excuse, la **costumière** me dit qu'il n'y a pas de problème, elle sourit, elle sait peut-être pourquoi je suis en retard. Elle me fait asseoir et va chercher les costumes à essayer. Je suis impatiente, j'imagine déjà la belle robe, celle de mes rêves. C'est mon premier vrai essayage, c'est mon premier vrai costume !

Bien sûr, vous allez me dire que ce qui est arrivé n'est pas la faute de l'Opéra Bastille, que cela peut arriver **n'importe où et à n'importe qui** ! Vous allez dire qu'il ne faut pas pleurer, me dire que la prochaine fois, je l'aurai cette belle robe ?

La costumière apporte trois costumes ; mon nom, Juliette Daligre, est écrit sur les trois.
Premier costume : une jupe dorée et une veste dorée, d'accord...
Deuxième costume : une vieille robe de mariée presque jolie mais verte, ça me plaît moins...
Troisième costume : une robe très courte, elle **ressemble à** de la moquette, verte elle aussi, bien sûr: une horreur !
La costumière me regarde avec un sourire :
- C'est un opéra sur les **grenouilles** n'est-ce-pas, Platée de Rameau ? Alors vous êtes les grenouilles, la couleur c'est le vert.

Que va penser Armelle ? Elle aussi rêvait de mon costume de princesse... Allez Juliette, comme on dit : « le **ridicule** ne tue pas ! »

15 **plus du tout** - gar nicht mehr
16 **au même endroit** - an derselben Stelle
17 **le sous-sol** - das Untergeschoss
18 **le taureau** - der Stier
19 **je suis désolé(e)** - es tut mir Leid
20 **la costumière** - die Kostümschneiderin
21 **n'importe où et à n'importe qui** - jedem überall
22 **ressembler à qn./qc.** - jdm./etw. ähneln
23 **le ridicule** - die Lächerlichkeit

Die **Opéra Garnier** (benannt nach ihrem Erbauer **Charles Garnier**) befindet sich im 9. Pariser Arrondissement am rechten Seine-Ufer. Sie wurde 1875 eröffnet. Garnier ging beim Bau des neobarocken Gebäudes auf die Bedürfnisse des damaligen Publikums ein, dem es besonders wichtig war, zu sehen und gesehen zu werden.

Eine ideale Plattform boten dafür die prächtige Marmortreppe und das riesige Foyer. Die Ausmaße zeigen, wie wichtig dieser Punkt war: Treppe und Foyer nehmen fast genausoviel Platz ein wie der gesamte Bühnenbereich und der Zuschauerraum.

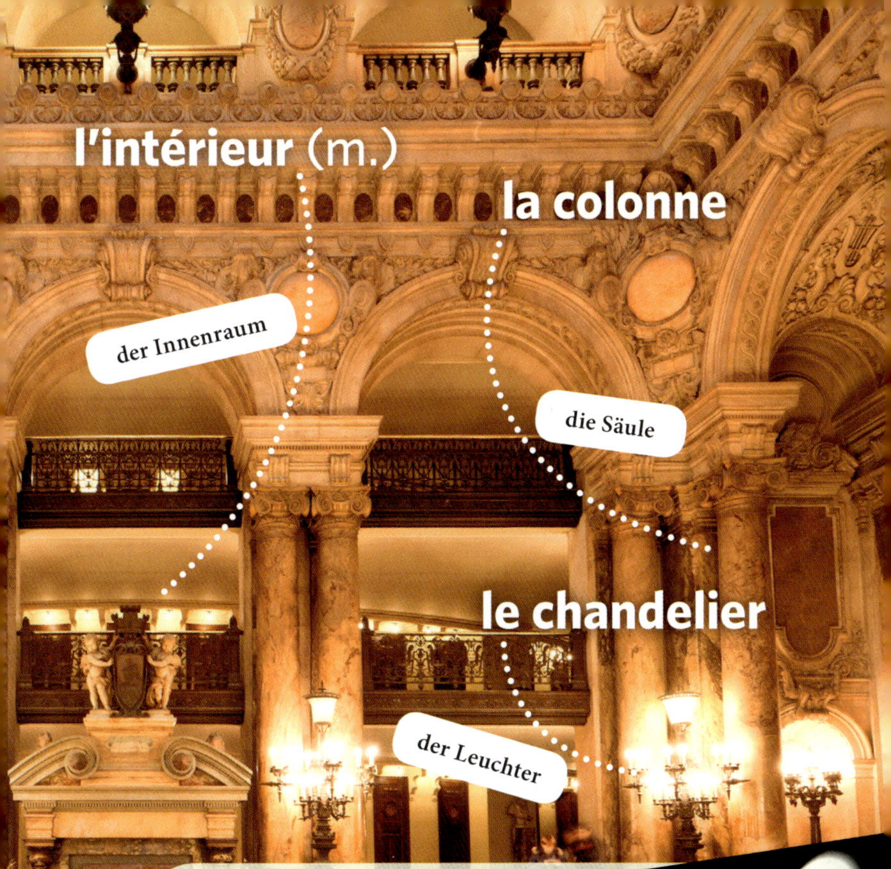

Berühmt geworden ist die Oper auch als Originalschauplatz der Geschichte des **Phantoms der Oper**. Dem Mythos nach lebt das Phantom in den unterirdischen labyrinthartigen Gängen der Oper und befährt einen dort befindlichen unterirdischen See mit einer Barke. Tatsächlich befindet sich unter der Oper ein Grundwassersammelbecken, das auch heute noch regelmäßig abgepumpt werden muss. Den Mythos schüren weiterhin seltsame Geräusche, die von hier vernehmbar sein sollen und ein tragisches Unglück aus dem Jahr 1896, bei dem eine Mitarbeiterin durch einen herabstürzenden Kronleuchter getötet wurde.

13 UNE RUE DU VIEUX BELLEVILLE

- « J'ai deux amours, mon pays et Paris ». **Dis-moi**, mon oncle, c'est Édith Piaf qui a chanté ça ?

Nous sommes, mon oncle et moi, au numéro soixante-douze de la rue de Belleville à Paris. Ici, c'est le vingtième arrondissement, de l'autre côté de la rue le dix-neuvième. Et devant nous, quatre marches d'escalier, une **plaque** sur le mur avec ces mots : « Sur ces marches est née Édith Piaf ».

- Non, répond mon oncle, ce n'est pas elle, c'est Joséphine Baker. Édith Piaf aimait beaucoup Paris, elle a chanté son amour pour cette ville dans d'autres chansons très célèbres. « Sous le ciel de Paris », c'est à celle-là que tu penses ?

Ah, mon oncle, il sait vraiment beaucoup de choses ! En fait mon oncle n'est pas mon oncle, c'est un vieil ami de la famille et je l'ai toujours appelé comme ça. Je vais chez lui en vacances chaque été ; quand j'étais plus petit, Maman prenait le train avec moi mais maintenant que j'ai treize ans, je le prends tout seul. J'arrive à la Gare du Nord où il m'attend, toujours avec un grand sourire. Il m'appelle « mon petit », même si j'ai grandi.

- Sinon, reprend mon oncle, très inspiré quand on lui parle de chansons françaises, il y a aussi « Belleville-Ménilmontant » d'Aristide Bruant, l'homme à l'écharpe rouge qui chantait au cabaret du Chat Noir, tu as **sûrement** vu sa tête sur les affiches de Toulouse-Lautrec, tu sais dans tous ces magasins pour touristes de Montmartre...

Et nous continuons de monter la rue de Belleville. C'est fatiguant ! Autrefois, il y avait un **funiculaire**. Aujourd'hui, quand on se retourne, on voit en bas le centre de Paris et on aperçoit la Tour Eiffel très haute au-dessus des toits.

- N'est-ce pas qu'elle est belle notre tour, mon petit ?

Puis on arrive chez lui, au numéro cent cinq. Derrière la grande porte, quelle surprise : on se croit dans un jardin ! Belleville est un vieux quartier ouvrier, mon oncle m'a expliqué, autrefois il y avait des **guinguettes**, des **vignes** et il reste encore beaucoup de nature. Et avant 1860, Belleville n'était pas dans Paris ! Alors chez mon oncle, j'oublie que je suis dans la capitale, c'est comme la campagne au milieu de la ville...

Mon oncle a toujours beaucoup d'idées pour les vacances. Des promenades, des musées, le cinéma. Il vit seul et je suis un peu comme un fils pour lui. Il m'explique des choses sur l'histoire, il sait que j'aime ça et puis il raconte si bien ! Avant de **prendre sa retraite** il travaillait comme chauffeur de taxi.

- Paris, je le connais comme ma poche, toutes ses rues, de jour comme de nuit, tu sais, me dit-il **fièrement**. Si tu cherches une rue, demande-moi !

le Parc de Belleville

1 **dis-moi** – sag mir
2 **la plaque** – das Schild
3 **sûrement** – bestimmt
4 **le funiculaire** – die Standseilbahn
5 **la guinguette** – das Ausflugslokal
6 **le vigne** – der Weinberg
7 **prendre sa retraite** – in Rente gehen
8 **fièrement** – stolz

Belleville en 1956

Et il me raconte des choses qui font peur, des histoires de gens un peu bizarres qu'il a pris en taxi la nuit... Moi, je n'ai que treize ans, je ne connais pas tout mais quand je serai adulte, je ne serai pas chauffeur de taxi à Paris, c'est trop grand !

Ce soir mon oncle est au téléphone et me laisse seul dans le salon. Je me sens un peu perdu, je pense à mes parents, à mon petit frère resté avec eux ; mais je lève la tête et je vois la grande bibliothèque remplie de livres : impossible de m'ennuyer avec tout cela ! Je regarde un livre, un deuxième, un troisième, je ne sais pas lequel choisir. Puis j'en vois un plus grand que les autres, un gros livre blanc avec des photos de Paris. Je l'ouvre et je reconnais la Seine, les parcs, la Tour Eiffel... Sur une page, une photo en noir et blanc avec écrit en bas :

« Belleville en 1956 », une petite rue en pente avec des escaliers, une **rampe** de fer au milieu, un **lampadaire**, des maisons qui m'**ont l'air** vraiment pauvres, quatre filles qui jouent ou qui discutent. Elles sont habillées avec des tabliers comme ma mère quand elle était petite et regardent trois garçons assis un peu plus bas sur les marches. Mais cette rue, où est-elle ? Cet escalier, où est-il ? Je n'ai jamais vu cet endroit. Vite, je vais chercher mon oncle et je lui montre la photo.

- Regarde, c'est à Belleville ; c'est joli ce petit escalier, mais tu sais où c'est ? Dis-moi !

Mon oncle me sourit et son sourire est **rempli de mystère**.

- Où est cette rue ? Oui je le sais, bien sûr ; si tu veux je te la montrerai demain.

Et il ne dit rien de plus.

Le lendemain matin, nous partons **à la recherche de** cette rue. Nous descendons la rue de Belleville, il fait beau et la Tour Eiffel est toujours là

9 **avoir l'air -** erscheinen
10 **rempli de mystère -** geheimnisvoll
11 **à la recherche de -** auf der Suche nach

bien droite au-dessus des toits. « Sous le ciel de Paris » chante mon oncle, de très bonne humeur, avec comme hier soir son sourire plein de mystère. Plus bas, nous prenons à gauche une petite rue qui descend elle aussi, la rue Jouye-Rouve. Un peu plus loin, la rue remonte et à gauche il y a l'entrée du Parc de Belleville, un parc où j'aime beaucoup aller. Aujourd'hui mon oncle n'entre pas dans le parc, il continue tout droit. Une deuxième entrée, une troisième entrée mais mon oncle n'entre toujours pas. Je ne comprends pas.

- Mon oncle, on ne va pas au parc aujourd'hui ?

Et là, à la quatrième et dernière entrée qui **donne sur** la rue des Couronnes, mon oncle me fait signe de le suivre. Nous entrons enfin dans le parc, nous marchons sur de vieux **pavés** et il me dit : « Voilà ta rue, mon petit ! » Je le regarde en ouvrant de grands yeux, je ne comprends pas ; « Où ça ? » Il commence à me fatiguer avec tous ses mystères. Après tout, je ne suis pas un détective ! Je ne vois qu'un chemin avec des pavés et les arbres du parc, je ne vois pas de rue. Mon oncle rit. Nous ressortons du parc et il me dit :

- Lève la tête et regarde bien. Tu vois ce qu'il y a écrit sur ce bâtiment : « BOULANGERIE PATISSERIE ». Pourtant tu ne vois aucune boulangerie, n'est-ce pas ? Le texte est presque **effacé** et on dirait plutôt une galerie de photos… Alors n'oublie pas ce que tu viens de voir et nous en reparlerons ce soir après dîner.

Bien installés le soir dans le canapé du salon, nous buvons une **tisane** et mon oncle prend un livre dans sa bibliothèque, encore un livre sur Paris. Il tourne les pages et trouve la photo qu'il veut me montrer.

- Regarde mon petit, tu vois la boulangerie, tu reconnais ce bâtiment ?

C'est encore une photo en noir et blanc, mais plus ancienne que celle que j'avais vue hier. Oui, je vois bien la façade d'une boulangerie (on y vend vraiment du pain), et plus loin je vois une petite rue qui monte, avec ses escaliers, la rampe en fer au milieu, les lampadaires, je lis « passage Julien Lacroix » et je reconnais ma rue **vue d'en bas**. Mon oncle me donne alors un plan de Paris et me demande de la chercher. Rien ! Il y a bien la rue Julien Lacroix dans le vingtième arrondissement, mon oncle m'en a parlé car **le long de cette rue** il y a une église catholique, un temple protestant et une synagogue, c'est pour lui l'image de Belleville. Mais pas de passage Julien Lacroix.

- Mon petit, la rue que tu cherches **a disparu**. Elle existait encore quand j'étais plus jeune, une petite rue avec des vielles **bicoques** d'ouvriers, les amoureux s'embrassaient la nuit dans les escaliers et les enfants jouaient devant la porte de chez eux.

Mon oncle voit mon air triste et continue :

- Tu l'aimes bien, le parc de Belleville, dis ? Tu aimes y jouer, t'y promener ? Eh bien quand ils **ont construit** ce parc, ils **ont détruit** le passage Julien Lacroix et d'autres rues comme la rue Vilin où l'écrivain Georges Perec a vécu enfant. Il ne reste que quelques pavés.
Tu es triste, tu trouves qu'elle était plus jolie, ta rue ? Mais il faut bien que Paris respire, il lui faut des arbres, alors on doit parfois choisir, les vieilles bicoques ou un beau parc tout neuf…

12 **donner sur** - zu etw. hin liegen
13 **effacé(e)** - verblasst
14 **vue d'en bas** - von unten gesehen
15 **le long de cette rue** - entlang dieser Straße
16 **disparaître** - verschwinden
17 **la bicoque** (abwertend) - schäbige Hütte; Bruchbude
18 **construire** - bauen; herstellen
19 **détruire** - zerstören, (hier:) abreißen

14 UNE MAISON ET SON SECRET

Sandrine s'est levée très tôt ce matin. Le train partait de la gare du Nord à six heures cinquante-huit, elle s'est acheté un café à la gare. Là, elle a retrouvé son amie Flore et puis elle a terminé sa nuit dans le train jusqu'à Abbeville. Flore ne dort pas, elle lit un roman.

- Abbeville, ici Abbeville ! **Correspondance** pour Le Tréport par autocar.

Vite, elles quittent le train, elles ont seulement onze minutes pour **changer**.

Dans le car, Sandrine se réveille doucement au son de la radio qui passe de vieilles chansons des années quatre-vingts. Les villages sur la route lui semblent tous les mêmes, des maisons en briques, un café, une boulangerie, parfois une ancienne gare... Flore est toujours dans son livre. On arrive à Eu : quel drôle de nom ; Flore s'étonne : « C'est le nom de ville le plus court de France ? » Puis c'est Mers-les-Bains, l'avant-dernier arrêt de leur voyage : le car s'arrête sur la grande place où c'est jour de marché. Et là, enfin, elles découvrent la mer ! L'été dernier, elles étaient parties ensemble en Bretagne, elles avaient vu de petites plages de sable, des **rochers** à taille humaine, mais là c'est différent : une plage de **galets**, pas de sable ; là-bas, pas de petits rochers mais un incroyable décor de théâtre, la **falaise** blanche, si haute ! Devant la plage, de grandes maisons de la Belle Époque font comme

un **arc-en-ciel** de couleurs vives ; Sandrine préfère la verte, Flore la rose...

Après quelques minutes, le car s'arrête devant la gare du Tréport-Mers à dix heures sept. C'est une vieille gare un peu fatiguée, les peintures ont **passé** avec le temps et l'air de la mer, mais elle leur plaît avec sa petite tour et son horloge. Sandrine et Flore traversent le **chenal** et arrivent enfin dans la ville.

Sandrine n'est venue au Tréport ni pour le travail, ni pour faire du tourisme. Elle n'a rendez-vous ni avec des amis, ni avec des parents. Aujourd'hui, elle a rendez-vous avec une maison, sa maison. Comme elle a un peu peur d'y aller seule, son amie Flore l'accompagne.

Tout a commencé par une lettre le mois dernier. Grande nouvelle : sa grand-tante Henriette, âgée de quatre-vingt-six ans, était morte sans enfants. Chez le notaire, elle a

1 **la correspondance –** der Anschluss
2 **changer –** (hier:) umsteigen
3 **le rocher –** der Felsen
4 **à taille humaine –** in menschlicher Größe
5 **l'arc-en-ciel** (m.) **–** der Regenbogen
6 **passer –** (hier:) verblassen
7 **le chenal –** das Fahrwasser

découvert que la vieille femme lui **laissait** une maison dans une ville inconnue, Le Tréport. L'adresse est le 36, rue Saint-Julien. Cette maison lui pose problème, elle est comme un corps étranger, elle la dérange dans sa vie bien organisée… Alors Sandrine n'y va pas tout de suite, au contraire. Elle a le temps, non ? Elle propose à Flore de visiter la ville : d'accord !

La ville du Tréport **descend** de la falaise **jusqu'à** la mer. Les maisons sont en briques comme dans le nord de la France et **au-dessus d'** elles on voit une grande église en pierres. Les amies marchent d'abord vers le **phare**, il est bien joli avec sa tour blanche et verte. Elles

s'approchent et découvrent le paysage ; elles sont entourées de falaises. Sandrine explique : « À gauche, on va vers Dieppe, à droite vers la Baie de Somme, et devant nous très loin , c'est l'Angleterre avec ses falaises, les Seven Sisters, ce sont comme les **sœurs jumelles** de celles-ci. » Elle a appris toutes ces choses dans un livre avant de venir. Elle continue :

- Sais-tu que Victor Hugo a beaucoup aimé cet endroit ? Il est passé ici en 1835, il a écrit des lettres à sa femme où il parle de sa fascination pour la mer et pour Le Tréport. Et j'ai lu encore autre chose : de la falaise, la vue est si belle qu'en 1913 on a construit un grand hôtel de luxe avec un **funiculaire** pour retourner à la plage. L'hôtel qui s'appelait Le Trianon a été **détruit**, il ne reste que quelques pierres, mais le funiculaire existe toujours.

Et puis Sandrine et Flore arrivent à **destination** : Le Tréport, ce n'est pas bien grand ! La maison est dans le vieux quartier des **pêcheurs**, le quartier des Cordiers : quelques rues bordées de maisons de poupées toutes serrées. Les deux amies trouvent le numéro 36, rue Saint-Julien. C'est une petite maison en briques d'un rouge un peu passé, de deux étages, sans balcon, comme celle d'à-côté (qui est plus rouge et qui a un balcon) ; à gauche de la porte d'entrée, sous la fenêtre, il y a une drôle de petite porte carrée blanche : à quoi peut-elle servir ?

- Trop petite pour un homme et trop grande pour un chat, remarque Flore.

Sandrine a les clés et entre dans la maison, « sa » maison.

8 **laisser** - (hier:) hinterlassen
9 **descendre** - hinabsteigen
10 **jusqu'à** - bis zu
11 **au-dessus de** - über
12 **les sœurs jumelles** - die Zwillingsschwestern
13 **le funiculaire** - die Standseilbahn
14 **détruit(e)** - abgerissen
15 **la destination** - das Ziel
16 **le pêcheur** - der Fischer

Flore reste dehors, elle lui dit : « Vas-y seule, et si tu as besoin de moi, tu m'appelles ! »
La vieille maison **sent le renfermé**. Vite, Sandrine ouvre les fenêtres et les volets qui regardent la falaise. Le soleil éclaire la maison et elle découvre une **pièce vide**, une autre pièce vide, puis au premier étage comme au second ce sont d'autres pièces vides et **poussiéreuses**. Sandrine ne comprend pas : la grand-tante Henriette ne vivait donc pas là ? Pourtant le notaire lui a dit qu'elle était morte chez elle, dans son sommeil. Sandrine redescend l'escalier et appelle Flore.
– C'est incroyable, la maison est vide, je ne comprends rien !
Flore entre dans la maison et lui dit : « Tu as regardé derrière cette petite porte au bout du couloir de l'entrée ? » Là, un autre escalier plus petit va à la **cave**. Les deux amies descendent lentement... En bas, elles découvrent à leur grande surprise beaucoup de choses : tout ce qu'il faut pour cuisiner, se laver, une table, deux chaises, un fauteuil, un lit et à côté du lit un vieux petit lit de poupée. Sandrine pousse un cri : la maison lui faisait déjà un peu peur, maintenant elle ne l'aime plus du tout. Elle se dépêche de tout refermer pour pouvoir vite ressortir dans la rue, Flore ne comprend rien !

Sandrine a longtemps marché dans les rues, elle essaie de ne penser à rien. Impossible : elle est **poursuivie** par l'image de ces deux lits dans la cave, le grand lit et le petit lit. Flore est avec elle et essaie de la faire rire.
Comme le vent souffle, il commence à faire un peu froid et les deux filles se sentent très fatiguées, elles se sont levées bien tôt ce matin. Elles décident de s'arrêter au François 1er, un café sur le quai qui porte le même nom. Elles s'assoient au comptoir, Sandrine commande un double café et Flore un thé au lait. Comme elles ont l'air un peu perdues, leur voisin de

droite veut les aider. **De fil en aiguille** , il les fait parler : la maison de Sandrine, la grand-tante Henriette, la cave, les lits. Il les écoute avec attention, il sourit : il sait des choses...

- Votre grand-tante, dit-il à Sandrine, je l'ai bien connue. Quand elle était enfant, elle a vécu dans cette maison avec ses parents. Le Tréport était alors une plage idéale pour les Parisiens car c'était la plus proche de la capitale. Pour gagner de l'argent, les pêcheurs du quartier des Cordiers louaient leur maison aux touristes l'été. Pendant ce temps, ils vivaient **entassés** dans leur cave. Vous ne me croyez pas ? À la fin de sa vie, votre grand-tante est redevenue comme une petite fille. Elle a un peu perdu la tête ! Il y a trois ans, elle a décidé de revivre comme au temps de son enfance : dans sa cave. Elle y a installé tout ce dont elle avait besoin pour vivre, et vous avez vu : elle a gardé avec elle son plus beau jouet d'enfant, son petit lit de poupée...

Sandrine et Flore repensent maintenant à la drôle de porte à gauche de la porte d'entrée, celle qui leur semblait trop grande pour un chat et trop petite pour un homme ; c'est l'entrée de la cave, c'est par là qu'Henriette et ses parents entraient quand leur maison était louée aux **vacanciers** ... Flore rit : « Ta maison du Tréport, je veux bien y aller en vacances l'été prochain, mais **promets-moi** que je ne dormirai pas dans la cave ! »

17 **sentir le renfermé -** muffig riechen
18 **la pièce -** der Raum
19 **vide -** leer
20 **poussiéreux/poussiéreuse -** staubig
21 **la cave -** der Keller
22 **poursuivre -** verfolgen
23 **de fil en aiguille -** eines führt zum anderen
24 **entassé(e) -** (hier:) dicht zusammengedrängt auf engstem Raum
25 **le vacancier/la vacancière -** der Urlauber/die Urlauberin
26 **promets-moi -** versprich mir

15 DE MARSEILLE À CAYENNE

Quand on est sur la plage du Havre, on aperçoit l'entrée du port. À l'horizon, les bateaux se déplacent très lentement, on ne comprend pas d'où ils viennent ni où ils vont. Si on les quitte des yeux, alors on les perd. Pour les retrouver on doit **plisser** les yeux, mais le plus souvent on les **confond**. Celui-là était bleu ou peut-être marron, celui-ci rouge, ou alors vert ? Impossible de **se repérer**, tout bouge très lentement, la lumière, les nuages. Un gris se reflète dans un autre gris, le ciel dans la mer, ou bien c'est peut-être le contraire ? La lumière est très forte et les ciels sont si étranges ici !

De la plage, on ne peut pas voir Honfleur et ses couleurs ; il est difficile même de les imaginer, les couleurs d'Honfleur, quand on est au Havre. Ses très anciennes maisons **étroites** n'ont pas été bombardées. Auguste Perret, qui a reconstruit le centre ville du Havre, n'a pas eu besoin de traverser la Seine avec son **équerre** et sa modernité. C'est tant mieux pour les touristes étrangers, les Parisiens et les peintres du dimanche qui préfèrent Honfleur et son vieux bassin, ses restaurants et ses boutiques chic.

Moi j'aime Le Havre ! Son béton, ses cheminées, ses docks. Cette ville est unique et tellement belle ! J'habite une petite maison dans un quartier ouvrier.

Ici la vie est dure, les usines ferment et on perd son **boulot**, mais il y a les copains. On se réunit dans nos petits jardins et on s'occupe ensemble de nos légumes.

Le dernier qui a perdu son boulot, c'est Roland. Il était cuisinier dans un petit restaurant indien du quartier Saint-François. Roland, il a fait tous les métiers. Il a aussi travaillé sur les **chantiers navals** à Marseille. Il nous a appris à jouer à la **pétanque** et c'est lui maintenant qui nous donne des conseils pour faire pousser nos oignons et nos poireaux.

Mais Roland, ce qu'il aime plus que tout c'est aller s'asseoir dans les galets le soir et regarder passer les **cargos**. Alors il pense à Marseille. Quand il nous parle de Marseille, Roland, il parle avec l'accent de là-bas, mais je crois qu'il ne le sait pas. Ah, Marseille, c'est qu'elle est dans son sang *cetteuh villeuh*-là ! Il aime regarder ces énormes bateaux qui entrent dans le port. Ça le fait rêver. Il imagine des pays lointains, des hommes qui vivent d'autres vies. Vous pouvez toujours essayer de lui parler quand il est sur la plage, perdu dans ses pensées. Il aime être seul, Roland. On le sait et on ne lui pose pas de questions.

das Boulespiel

1 **plisser** – (hier:) zusammenkneifen
2 **confondre** – verwechseln
3 **se repérer** – sich zurechtfinden
4 **étroit(e)** – schmal
5 **l'équerre** (f.) – das Winkelmaß
6 **le boulot** (m.)(ugs.) – der Job
7 **le chantier naval** (m.) – die Schiffswerft
8 **le cargo** (m.) – das Frachtschiff

Ce qu'il aime le plus, c'est suivre des yeux les bateaux qui disparaissent au large.
Roland ce soir nous a dit qu'il voulait partir, mais nous n'avons pas compris tout de suite ce que cela **voulait dire**. On prenait l'apéro, notre petit pastis dans le bistrot du Square Saint-Roch. Il a juste dit : « Demain matin, je pars, ils cherchent un cuisinier sur le cargo qui part pour Cayenne ! »

– Mais tu vas revenir ? on lui a demandé. Et il n'a pas répondu.

Le City of Amsterdam quitte Le Havre sous la pluie. La ville se réveille, les lumières du port sont très blanches, elles donnent à cette procession de caisses colorées quelque chose de **solennel**. Ce sont des **empilements** de containers bleus, rouge et verts qui avancent lentement et saluent en passant les immeubles noir et blanc de Perret.

Cayenne, dix-sept jours de mer ! Premier arrêt Philipsburg, sur l'île de Saint-Martin : 3600 milles, environ 6700 km et neuf jours de **traversée**. Puis c'est Port of Spain sur l'île de la Trinité... avant d'arriver sur le Continent.

Dans le port de Cayenne, Roland est **ému**. Quand le cargo s'approchait de la terre, il voyait seulement de la forêt, des collines recouvertes de forêts. Il vient de passer plus de quinze jours en mer, et bientôt, il le sent, il ne verra plus la mer. C'est la forêt, maintenant, qui l'appelle.

Le bus qui l'emmène dans le centre de Cayenne est **bondé** et il fait très chaud. Très humide aussi. En ville, il rencontre des gens qui viennent du monde entier : il se sent déjà chez lui ici. Il sait qu'il est en France, mais cela ne veut plus rien dire pour lui. Roland n'a jamais aimé les frontières. Sur cette terre de migrants, Roland est heureux. Il sent que cette ville n'est pas une ville comme les autres.

Il se souviendra de son premier jus de maracuja sur la terrasse du bar des Palmistes !
À deux pas de là, il croit qu'il va voir la mer, mais elle n'est plus là : face à la **digue** avec ses bancs alignés, c'est la forêt ! La mangrove et ses **palétuviers** s'est installée ici il y a quelques années : la mer a disparu !

Le City of Amsterdam repart après-demain, mais Roland a décidé de rester en Guyane.

Avant toute chose, il doit passer au bureau de **Pôle Emploi**, peut-être qu'il peut recevoir l'**allocation chômage**. Là, miracle, on trouve son dossier ! On lui demande simplement de le compléter. Il le rapporte mais cela ne va pas : il doit le compléter à nouveau. Il le donne à nouveau et à nouveau on le lui rend : il manque des papiers ! Son agence, au Havre, a perdu des papiers. Il insiste, on lui imprime de nouveaux formulaires, il **perd patience** ... Alors il décide

9 **vouloir dire** – bedeuten
10 **solennel** – feierlich
11 **l'empilement** (m.) – der Stapel
12 **la traversée** – die Überfahrt
13 **émouvoir** – rühren
14 **bondé** – überfüllt
15 **la digue** – der Deich
16 **Pôle Emploi** – die französische Arbeitsagentur
17 **l'allocation chômage (f.)** – das Arbeitslosengeld
18 **perdre patience** – die Geduld verlieren

die Goldwäscher

de se faire des faux papiers et s'invente un nouveau nom. Désormais Roland ne s'appelle plus Roland, c'est Max. Il n'est plus né à Charleville, mais dans un village sur les bords du Maroni. Il n'a jamais connu ses parents, on lui a raconté qu'ils étaient morts. Une triste histoire d'**orpailleurs**...

Max aime beaucoup sa nouvelle identité. Son histoire ici est plutôt banale et on ne lui pose pas de questions ! Tout est normal pour l'administration. Ce n'était pas comme ça au Havre ! Bien sûr il aime imaginer qu'il est quelqu'un d'autre, qu'il va **abandonner** son nom et sa vie d'avant : c'est comme **monter** dans la vie d'un autre **en marche**, se glisser dans l'histoire d'un autre pour la continuer à sa façon.

Max travaille trois mois à la distillerie pour s'acheter une **pirogue**. Il est libre !

Un matin, il part avec une caisse de rhum et la boîte où il range ses boules de pétanque. Son idée : rejoindre l'Oyapock et s'installer à la frontière brésilienne. Tout est facile ici, quel bonheur ! Mais Max se perd... Le deuxième jour, on lui vole sa pirogue et tous ses vêtements. Le voilà en slip dans la forêt Amazonienne ! Il sait qu'il est en France, qu'il peut appeler le 15 ou le 18... : **ça lui fait une belle jambe** !

Max doit continuer son voyage à pied. Encore 120 km, Max est bientôt arrivé.

Il **fait du stop**. Un tracteur s'arrête. C'est la famille Tong-Huuh qui rentre du marché de Cayenne. Max monte à l'arrière, au milieu des **piments** et des choux.

La famille Tong l'invite dans une maison **sur pilotis**. Max leur offre une bouteille de rhum et écoute leur histoire. Le village s'appelle Cacao, la famille Tong est arrivée en 1977 en Guyane pour cultiver les terres que personne ne voulait cultiver. **Réfugiés** politiques au Laos, le gouvernement français les accueille ici, parce qu'il a besoin d'eux. Avec d'autres familles Hmong, ils sont venus « **repeupler** » ce territoire français et y développer l'agriculture.

Max apprend à parler le lao, il se construit une cabane sur pilotis. Il s'intègre chez les Hmong. Il leur apprend à jouer à la pétanque et cuisine pour tout le monde le dimanche.

Aujourd'hui, le pastis est devenu la boisson préférée des habitants de Cacao !

19 **abandonner** – zurücklassen
20 **monter en marche** – in einen laufenden Vorgang einsteigen
21 **la pirogue** – der Einbaum
22 **ça (me) fait une belle jambe** (ugs.) – es bringt (mir) nichts
23 **faire du stop** (ugs.) – trampen
24 **sur pilotis** (m.) – auf Pfählen
25 **le réfugié** (m.) – der Flüchtling
26 **(re)peupler** – (wieder) bevölkern

16 LA DUCASSE

– Les **forains** sont arrivés !

Nous les avons vus cet après-midi. Ils sont passés juste à côté de l'école. Monsieur Dumont, notre instituteur, s'est arrêté de parler, plus personne ne l'écoutait. Leurs camions et leurs caravanes ont défilé pendant plusieurs minutes sous les fenêtres de l'école. Cela a créé dans la classe un beau **désordre** ! C'était comme avant l'arrivée d'un orage, chacun a commencé à bouger… Un **murmure** sans mots, qui était le début d'une grande excitation, a rempli la classe : c'était une sorte de courant électrique entre nous.

Sylvain s'est levé le premier de sa chaise pour vérifier qu'il n'avait pas rêvé : oui, ce sont eux, ils sont bien arrivés ! Les fenêtres de notre salle de classe ont été placées si haut qu'on ne voit pas la rue… Les bruits de chaises étaient très discrets, c'est le mouvement général qui était bruyant ! Monsieur Dumont a compris tout de suite ce qui se passait. Il a annoncé le début de la **récréation** ! Ce n'était pas du tout l'heure, mais il ne pouvait plus nous tenir.

Demain c'est la ducasse ! Mais la fête a déjà commencé…
Ce soir, ça va **guincher** !

Nous ne sommes pas rentrés tout de suite à la maison, nous avons pris le chemin qui passe derrière les jardins ouvriers et arrive sur la Place de Verdun. Avant d'arriver sur la place, nous avons **ralenti** notre pas et avons commencé à parler à voix basse. Nous étions attirés et en même temps nous avions très peur. Le monde des forains nous était complètement étranger, mais il nous fascinait. Nous n'avions jamais vu un **rassemblement** si grand de camions. Ils étaient bien rangés sur la place. Ils étaient tous alignés, la tête des **uns** contre le derrière des **autres**. Ils formaient un groupe, une sorte de famille. Seulement des camions blancs, comme des bêtes : un troupeau immobile dans un champ. Entre les camions passaient des câbles électriques, des **tuyaux**. C'étaient comme des petites rues, nous les enfants, on avait juste la place de passer entre les cabines... Nous avions très envie de nous approcher mais nous avions aussi très peur. De loin, on n'entendait aucun bruit, on ne voyait personne.

Ce soir on se retrouve chez Jacqueline, avec mes parents et tous les amis des parents qui préparent les nouveaux habits des Géants cette année. Ils préparent des pantalons et des gilets, ils réparent des cheveux et des doigts cassés. Les Géants, ils ne sont plus très jeunes ! La procession c'est demain après-midi... Tout est prêt.

1 **la ducasse** (in Nordfrankreich, ansonsten: **la kermesse**) - die Kirmes; ein Fest, das jedes Jahr am selben Tag in den Dörfern Flanderns stattfindet.
2 **le forain** - der Schausteller
3 **le désordre** - die Unordnung
4 **le murmure** - das Gemurmel
5 **la récréation** - die Schulpause
6 **guincher** (ugs.) - tanzen
7 **ralentir** - langsamer gehen (hier:) verlangsamen
8 **le rassemblement** - Zusammenschluss, Versammlung
9 **les uns / les autres** - die einen / die anderen

traditioneller Eintopf aus Schmorfleisch

Alors pour fêter ça, ils sont venus boire une bière et partager une **carbonnade** autour du **poêle** de Jacqueline. Toute la fanfare est là aussi, l'atmosphère est joyeuse, l'endroit très **chaleureux**.

L'**estaminet** de Jacqueline se trouve à six kilomètres du village, dans la campagne, sur le Mont-Noir : c'est-à-dire exactement sur la frontière belge. La frontière on ne la voit pas, on sait qu'elle passe là, mais on ne sait pas où précisément. Peut-être passe-t-elle dans la maison, entre la cuisine et la salle à manger, juste au milieu de la vieille horloge !

Autrefois, dans l'estaminet de Jacqueline, il y avait un grand orgue mécanique. Il a été démonté et vendu à un riche Américain dans les années 80. Les vieux s'en souviennent, il occupait un mur entier de la maison. Il était sculpté et décoré, c'était un monstre magnifique et coloré. Ce soir, les musiciens de la fanfare sont venus avec leurs instruments et improvisent sur les mélodies de chansons populaires. C'est déjà la fête ! On parle très fort, on rit très fort, on boit...

- Viens donc boir' eun'goutt' ed'jus, voilà ce que dit la chanson... la goutte de jus, c'est le café. Dans le Nord il y a toujours un peu de café dans une casserole et on le réchauffe, on le fait bouillir et rebouillir, il n'est pas très bon, je dois dire. Même nous on en boit le matin avant d'aller à l'école, mais ce n'est pas vrai qu'on **trempe** du **maroilles** dedans.

der Maroille ist eine alte Käsesorte aus Nordfrankreich

– Profit' qu'i est cor'sus ch'fu, **profite** qu'il est encore sur le feu ! Il y a beaucoup de bruit dans la salle, tout le monde chante et rit très fort, mais pour nous, les enfants, ce n'est pas du tout une soirée intéressante.

Quand les adultes s'amusent – et nous avons de la chance, ils s'amusent souvent ici –, on en profite... On part **en cachette** et on retrouve les copains derrière l'ancienne brasserie. On prend le sentier du mont Kokereel. Là, dans un bois, on a construit une **cabane**. Là-haut, on voit toute la région ! Mais ce soir, il fait noir, on ne voit pas la lune et il y a du brouillard. On devine les formes hautes d'un champ de **houblon** avec ses grandes tiges vertes. Avant il y avait des houblonnières partout par ici...

der Hopfen

La bière, autrefois à Boeschèpe, tout le monde la faisait, et surtout tout le monde la buvait ! Moi quand j'avais sept ans, Maman m'a fait boire de la bière pour la première fois. Mais elle n'avait presque pas d'alcool. Mes parents, pour le goûter, prenaient cette bière-là avec des tartines au **pâté**. Beurkh...

die Pastete

Brot mit Pastetenaufstrich

tartine au paté

10 **le poêle** – der Ofen
11 **chaleureux** – warmherzig
12 **l'estaminet** (m.) (alt) – die Kneipe
13 **tremper** – eintunken
14 **profiter de qc.** – die Gelegenheit nutzen
15 **en cachette** – heimlich
16 **la cabane** – die Hütte

Nous sommes donc à notre cabane. Il n'était pas très tard mais il faisait vraiment noir dans le bois. Soudain, nous avons entendu des voix. Nous avons pris peur : qui pouvait bien être venu jusqu'ici ?

– Hé là, qui va là ?

Ils nous avaient entendus. Avant de les voir, nous les avons reconnus : c'étaient les enfants des forains. Ils avaient trouvé notre cabane et ils jouaient là avec leurs **flèches** en bois et leurs **arcs**. Eux aussi ils inventaient des histoires.

Il y avait un chien avec eux. Le chien est venu le premier vers nous. Il nous invitait à le suivre et à nous joindre aux autres enfants. Bien sûr, nous n'étions pas très contents de trouver des **intrus** dans notre cabane... Mais nous étions si contents de les rencontrer et de connaître leur monde ! Nous avons oublié notre peur et les avons invités nous aussi à rester. Nous avons joué et parlé toute la soirée avec eux. Ils étaient curieux eux aussi et voulaient tout savoir sur notre vie.
Nous avons parlé, parlé et nous avons oublié nos parents ! Eux, ils étaient libres, la nuit pour eux était ouverte. Leurs parents installaient les manèges sur la place, ils travaillaient toute la nuit. Personne ne s'inquiétait pour eux. Alors comme eux, on a oublié l'heure !

On leur a parlé aussi du carnaval de Bailleul, leurs yeux brillaient ! Alors on leur a donné rendez-vous là-bas l'an prochain, pour **mardi gras**... Bailleul, nous, on en rêve toute l'année ! Dans notre cabane, quand le vent vient de l'est, on peut entendre le carillon du **beffroi**.

17 **l'intrus** (m.) - der ungebetene Gast
18 **le mardi gras** - der Fastnachtsdienstag
19 **le beffroi** - der Glockenturm

17 LA BONNE DAME DE NOHANT

George Sand fait sa promenade du soir. Elle a refermé derrière elle la porte du musée et laissé ses invités discuter. Elle a besoin d'être seule, elle a besoin de silence. Derrière la ferme, ce sont les champs, plus loin les bois. Elle marche vite, quelque chose ne va pas. Elle semble courir à un rendez-vous, un rendez-vous avec la forêt et la nuit. Ce sont ses amis de Paris qu'elle ne veut ni voir ni entendre, le bruit de leurs voix, leurs **soucis** de bourgeois. L'obscurité l'a surprise, elle ne pensait pas que c'était déjà la nuit. C'est une nuit sans lune. Ce soir on ne voit même pas la silhouette des deux grands **cèdres** dans le Parc. Elle a quitté le « Château » en laissant toutes les lumières allumées. Elle a souvent peur d'**éteindre les lumières**. Certainement elle croit que Musset, Balzac et Pauline Viardot prennent le café au salon. Hier elle a dormi dans l'atelier de Delacroix, elle devait lui parler d'une affaire importante. Quelque chose ne va pas, c'est sûr...

Car elle est seule ici, dans ce grand domaine des Monuments Nationaux. Elle est seule depuis dix ans ici. **Quelle aubaine** pour elle, ce travail ! C'est dommage bien sûr, elle n'aime pas les musées, elle préfère les bois et les oiseaux... Avant elle travaillait à l'Intermarché de Bourges. Maintenant elle **se prend pour** George Sand !

Elle a tout lu et elle connaît la vie de son héroïne **par cœur**. À Châteauroux,

le cèdre – die Zeder

le jardin à la française – der französische Garten

on leur parle de George Sand à l'école maternelle, aux enfants. Certains enfants, ça les **marque**. Quand elle a vu l'annonce dans le Journal du Berry, elle a tout de suite pensé que c'était pour elle, ce job. « Guide touristique », elle ne savait pas exactement ce que cela voulait dire, mais l'idée de travailler au domaine de George Sand, cela suffisait pour elle : elle devait répondre... Ils l'ont prise tout de suite, sans hésiter !

En fait ce n'était pas seulement une guide touristique qu'ils cherchaient au domaine.

En novembre, il n'y a plus beaucoup de visiteurs à Nohant. Alors pour passer le temps elle répète toute la journée ses visites dans sa tête. Est-ce qu'elle a peur de les oublier ? Elle répète les dates, elle **marmonne** des noms, elle mime des anecdotes, raconte **à voix haute** les petites histoires de la bonne Dame de Nohant. Connaît-elle vraiment l'intimité de l'écrivain dans tous les détails ? Ou invente-t-elle la vie de la grande dame de lettres ? La paysanne des romans c'est elle, Fadette, Madeleine...

Dans l'atelier de Delacroix, il y a le piano de Chopin. Elle sait que c'est interdit d'y toucher, mais chaque soir, elle **fait ses gammes** et travaille ses pièces préférées : les chansons paysannes de Bartók ! Quel bonheur de jouer sur cet instrument, comme il sonne bien. C'est un Pleyel. Certains soirs elle

1 **le souci –** die Sorge
2 **éteindre les lumières –** die Lichter ausschalten
3 **quelle aubaine ! –** was für ein Glücksfall!
4 **se prendre pour ... –** sich für ... halten
5 **par cœur –** auswendig
6 **marquer qn. –** bei jdm. Eindruck hinterlassen
7 **marmonner –** murmeln
8 **à voix haute –** mit lauter Stimme
9 **faire des gammes –** Tonleitern üben

se blottit contre lui, sous le clavier, et elle imagine que Chopin improvise pour elle.
Sa discussion cette nuit avec Delacroix **concernait** ses portraits des deux amants : pourquoi Delacroix n'a-t-il pas terminé ce **tableau** ? Et pourquoi le tableau a-t-il été coupé en deux ? George Sand est à Copenhague, Chopin est au Louvre, c'est **impensable** ! Et Delacroix ne le sait pas ??

- Est-il d'accord pour l'accompagner à Copenhague ? Pour reprendre le portrait de l'écrivain et venir le terminer tranquillement à Nohant ?

Elle a pensé à tout, elle viendra le prendre à Paris place de Furstenberg, ils prendront le Thalys pour Amsterdam à la Gare du Nord, et d'Amsterdam le train de nuit pour Copenhague. Elle aime les longs voyages en train. Celui-là est de la plus grande importance, c'est un voyage qui entrera dans l'histoire ! Mais Delacroix ne semble pas d'accord, la discussion est très animée.

Cette nuit, il y a eu un violent orage à Nohant et l'un des deux cèdres s'est fait couper en deux. Le spectacle est **désolant** et triste. Elle n'a rien vu, rien entendu.
Aucun touriste n'est venu aujourd'hui.

Dans les bois, elle semble retrouver la paix. Elle se dirige vers l'**étang** et ralentit son pas. Une **chouette** l'accompagne, inquiète peut-être ou simplement surprise de voir une femme courir à cette heure, seule dans les bois. L'animal **ulule**, elle n'a jamais entendu un chant comme celui-là ! Que veut-elle, cette chouette ? Elle lui parle, elle est sûre. Mais de quoi parle-t-elle ? De qui ? C'est une mélodie qu'elle a déjà entendue, mais où ? Ça y est, elle sait : c'est le passage qu'elle aime le plus, les six dernières mesures de l'allegro de Bartók qui commence par tatatadi didididila ladidi... Les notes de la danse hongroise la **bouleversent**. La chouette s'est posée dans un chêne.

Fadette est assise au bord de l'étang. Cette nuit quelque chose **s'est rompu**. Elle ne reviendra plus au Château. Elle a abandonné le domaine de Nohant, elle a laissé toutes les portes ouvertes et toutes les lumières allumées. Elle a refermé le piano de Chopin pour l'éternité.

10 **se blottir contre qn./qc.** - sich an jdn./etw. anschmiegen
11 **concerner** - sich beziehen auf
12 **le tableau** - das Gemälde
13 **impensable** - undenkbar
14 **désolant** - traurig
15 **l'étang** (m.) - der Teich
16 **ululer** - schreien (in Bezug auf Eulen)
17 **bouleverser** - sehr erschüttern
18 **se rompre** - brechen

18 LARGUER LES AMARRES

Eugène est sur le **quai**, il tourne le dos à la terre. Le jour vient de se lever, il fait clair. Devant lui, l'Atlantique. Il observe le ciel, le mouvement des nuages. Eugène est seul, le silence presque total. On entend seulement le bruit du vent, une voiture passe au loin. Eugène aime ce moment. Il a rendez-vous avec l'océan. Il arrive toujours très tôt à **l'embarcadère** de Sainte Évette. Il aime **être en avance** et attendre. Devant les cinémas, dans les gares, dans le square de la place Sanquer. Il marche, il regarde ses pieds, perdu dans des pensées.

Eugène observe le ciel et il tremble ! Le ciel ne bouge plus, les nuages ont disparu ! Au-dessus de la mer, tout est devenu noir. Noir et immobile. Est-ce donc la nuit qui revient ?
D'autres personnes sont arrivées sur le parking de l'embarcadère. Ont-elles vu comme lui le ciel ? Et la mer qui se lève ? Tremblent-elles aussi ? L'imagination d'Eugène vient de se mettre en mouvement : il voit, il entend son chien qui l'attend.

Colette remplit ses petits sacs. Elle attend l'arrivée des passagers, ils vont bientôt venir la voir dans sa **baraque**.

Sa plaque fume, il fait chaud : on se sent bien chez Colette. Les premiers passagers arrivent, ce sont des habitués. Leur plaisir c'est de tremper les crêpes de Colette dans leur café avant d'embarquer. Tous les matins, c'est la même scène. Mais Eugène aujourd'hui ne prendra pas de café, il n'achètera pas de crêpes à Colette.
Les gens continuent d'arriver, le parking se remplit. De grandes caisses en bois sont alignées sur le quai. Les voyageurs déposent leurs valises dans les caisses. Les opérations de **chargement** durent un certain temps. Un temps qui paraît une éternité à Eugène.

Le vent s'est levé brusquement. La **baie** est baignée d'une étrange lumière. Les villas brillent sur la falaise. La lumière, vue d'ici, est irréelle. La ville est là, au fond de la baie. Eugène l'entend, il imagine les conversations dans les cafés avant le début de la journée, il entend les **maraîchers** qui vident leurs caisses de légumes sur des tables, les poissonniers qui installent leur **cimetière** marin sur des tas de glace.

Eugène vit seul depuis que sa femme est partie. Elle est partie un matin, sans prévenir. Elle est partie sans rien lui dire, elle a

1 **larguer les amarres** - die Leinen losmachen
2 **l'embarcadère** (m.) - die Anlegestelle / **embarquer** - an Bord gehen
3 **être en avance** - zu früh kommen
4 **la baraque** - die Bude
5 **le chargement** - das Einladen, die Verladung
6 **le maraîcher** - der Gemüsegärtner
7 **le cimetière** - der Friedhof

disparu sans laisser de traces. Tout est resté comme elle l'a laissé, jusqu'au livre retourné sur sa table de nuit. Le temps s'est arrêté. Ce jour-là Eugène a commencé à se perdre dans ses pensées, il a commencé son **naufrage**, lentement. À l'époque – c'était il y a plus de quarante ans –, il ne connaissait pas encore l'île de Sein.

C'est là qu'il habite maintenant, avec son chien. Sur l'île de Sein. Il a cherché l'endroit le plus perdu, un endroit pour oublier ses **tourments**, pour disparaître peut-être.

Aujourd'hui il se souvient. Il regarde la mer et il pense à son chien. Il pense à cette peur, la peur de monter sur un bateau. Cette peur, il la partage avec son chien, la peur d'embarquer, de larguer les amarres. Quand son chien est avec lui, Eugène n'a pas peur.

Il se souvient, le pauvre Eugène... Avant de quitter le continent et toute sa vie d'avant, il veut savoir comment c'est là-bas, comment sont les hommes qui vivent sur ces îles. D'où viennent-ils ? Comment vivent-ils ? Y a-t-il une place pour lui sur un de ces cailloux au milieu de l'océan ? Eugène **repousse** le moment de partir. À Brest, il vit dans le quartier de Saint-Michel. Chaque jour il prépare son départ pour le lendemain. Il observe la **rade**, ses courants, étudie les vents, mais l'idée de passer le Goulet, de **prendre le large** et s'avancer dans la mer d'Iroise lui fait très peur. Passer de l'autre côté, ce n'est pas si facile... Il lui faut un **passeur**.

Colette connaît bien l'histoire d'Eugène... Tout le monde connaît Eugène ici, et pourtant son histoire, jamais il ne l'a racontée à personne !

Aujourd'hui Colette s'étonne de ne pas voir Eugène. Il est arrivé hier sur le continent, il doit rentrer à Sein ce matin.

- Vous avez vu Eugène ? demande-t-elle à Raymond et Victor.
- Oui, il est sur le quai, dans le vent !
- Il ne vient pas me voir ce matin ?

Colette est inquiète. C'est la première fois qu'Eugène embarque sans venir la saluer.

- Et il vous a parlé ?
- Non, il ne s'est pas retourné, je crois qu'il ne nous a même pas entendus !

Eugène se souvient du marin qui l'a **emmené** à Ouessant. Le vieil homme rentrait vivre sur son île, après avoir fait trois fois le tour du monde en vingt ans. Quel personnage ! C'est lui qui lui a parlé du chien... et de sa fille.

Colette était jeune à l'époque ! Avec ses deux **inséparables** copines, c'étaient les seules filles de l'île. Mais voilà, Eugène ne pouvait pas vivre sur ce caillou : trop de désordre, trop de vent ! L'œil ne peut **se reposer** et le **souffle** commence à manquer. L'île est magnifique mais elle ne **ressemble** vraiment à rien ! Un chaos de roches titanesques dans le vent...

8 **le naufrage** - der Schiffbruch, (hier:) das Scheitern
9 **le tourment** - die Pein
10 **repousser** - hinausschieben
11 **la rade** - die Reede
12 **prendre le large** - in See stechen
13 **le passeur** - der Fährmann
14 **emmener qn.** - jdn. bringen
15 **inséparable** - unzertrennlich
16 **se reposer** - sich ausruhen
17 **le souffle** (m.) - der Atem
18 **ressembler à qn./qc.** - jdm./etw. ähneln

Eugène se souvient, il revoit le phare du Créac'h. Chaque soir il **balayait** avec lui la mer de son regard. Les ombres des blocs de granite entassés avançaient dans la lumière. Mais qui a jeté ces rochers ici ? Ouessant n'était pas faite pour lui.

Eugène n'est resté qu'une semaine à Ouessant. Il est reparti avec le chien, ... et avec le souvenir de Colette.

Il vit seul à Sein depuis bientôt quarante ans maintenant. Sein, c'est un petit village posé sur l'océan au centre d'une **lande battue par les vents**. Il vient à Audierne pour **soigner** ses dents, et il en profite pour saluer Colette à l'embarcadère.

À Audierne, Eugène dort à l'hôtel du Commerce. Il n'y a qu'un seul bateau par jour pour rentrer à Sein. Colette l'attend dans sa baraque le lendemain. Elle aussi, elle vit seule. Depuis qu'elle a quitté Ouessant, elle n'est jamais retournée sur une île. Son île ne lui manque pas, elle est heureuse sur le continent.

Colette, elle pense à ça aujourd'hui. Elle pense à Eugène. À la Pointe du Raz. À la vie, qui **ne tient qu'à un fil**. Au temps qui passe.

Alors elle ferme sa baraque. Et elle appelle Eugène.

- Eugène !
Eugène ne l'entend pas, il y a trop de vent. Il pense à son chien, qui a **le mal de mer** comme lui. Là-bas sur l'île, son chien l'attend, il **scrute** l'horizon depuis le quai des Paimpolais. Il sent que son maître est en danger, il tremble.

Le bateau part du port d'Audierne. La **marée** va contre le vent et la **houle**, et lève violemment la mer.
Le bateau vient de quitter le quai, il est trop tard pour revenir. Colette est avec lui, elle lui tient la main. Mais Eugène est ailleurs, il parle de naufrage, il a peur, une peur incontrôlable d'enfant.

19 **balayer** - fegen, (hier:) durchforsten
20 **la lande** - die Heide
21 **battu(e) par les vents** - windgepeitscht
22 **soigner** - pflegen
23 **ne tenir qu'à un fil** - an einem seidenen Faden hängen
24 **avoir le mal de mer** - seekrank sein
25 **scruter** - mit den Augen absuchen
26 **la marée** - der Gezeitenstrom
27 **la houle** - der Seegang

In ganz Frankreich gibt es 135 Leuchttürme. Über ein Drittel steht in der Bretagne.

Der **Phare du Créac'h** ist 55 Meter hoch und steht seit 1863 auf der **Île d'Ouessant**. Er ist bewohnt und kann nicht besichtigt werden, dafür aber das **Musée des phares et balises** am Fuße des Turms, wo man die berühmten optischen Fresnel-Linsen sehen kann.

Créac'h ist bretonisch und bedeutet soviel wie **Felsvorsprung**.

Er ist der Leuchtturm mit der stärksten Leuchtkraft in ganz Europa. Sein Leuchtfeuer reicht knapp 60 km, wobei seine 4 Lampen mit je 2000 Watt alle 10 Sekunden 2 weiße Blitze erzeugen – dabei dreht sich der Lichtkopf alle 40 Sekunden um sich selbst.

19 LES FANTÔMES DE CHAUVET

L'entrée de la grotte, il y a 36.000 ans, était large et claire. Avant d'entrer on pouvait **contempler** une dernière fois un paysage vraiment grandiose. Les Gorges de l'Ardèche, la falaise, la forêt... On arrivait à la grotte par un petit chemin qui montait dans la montagne. Là-haut, la vue était **sublime**, la lumière très forte.
Aujourd'hui, on entre dans la grotte **par effraction**, par un petit tunnel qui descend dans la terre... Dans le noir. On se fait tout petit, on se laisse glisser dans la pierre, contre une échelle. On entre avec respect. On descend dans la préhistoire par le toit, on entre par le plafond. La grotte est fermée au public. Elle n'a jamais été ouverte. Elle est inscrite au Patrimoine mondial de l'Unesco, et le Ministère français de la Culture donne des autorisations à quelques visiteurs privilégiés. Je n'ai pas la chance d'en faire partie.

Alors comment suis-je arrivé ici ? Qui m'a ouvert la porte ? Est-ce que je suis venu là tout seul ? Et pourquoi ?

la peinture rupestre

La falaise s'est **effondrée** il y a 23.000 ans. L'entrée principale est condamnée à jamais et la grotte plongée dans l'obscurité la plus totale. J'ai une lampe de poche, c'est une chance ! Non, je crois que c'est plutôt une **torche**. Sa flamme tremble quand je me déplace. À l'intérieur de la grotte se trouvent les plus anciennes **représentations picturales** connues à ce jour, des milliers de dessins d'une qualité exceptionnelle, mais je ne le sais pas. Pas encore.

Par où suis-je entré ? Il n'y avait pas d'échelle, pas de tunnel non plus. Et pourtant c'est bien à Chauvet que je me trouve. Le silence est presque parfait ; l'obscurité, elle, est totale. Je me dirige, comme si je connaissais la grotte depuis toujours, vers le fond d'une salle, le fond de la salle la plus obscure. Et là je m'allonge sur le sol. Je suis **essoufflé**, l'air me **pique** le nez, il y a une odeur vraiment forte à cet endroit.

La rivière, au pied de notre falaise, a creusé un pont dans la pierre, une **arche** monumentale, comme une porte au-dessus de l'eau. Le lieu s'appelle Pont d'Arc. La grotte se trouve là-haut, perchée dans la falaise, elle a été creusée il y a très longtemps par une ancienne rivière souterraine, très haut au-dessus du niveau actuel de l'Ardèche. Il y a 35.000 ans la température ici ne dépassait pas les 8°C. Maintenant les touristes se baignent dans l'Ardèche, ils font du canoë kayak en **maillot de bain**. Quand la grotte était encore

1 **contempler** – betrachten
2 **sublime** – überwältigend
3 **entrer par effraction** – einbrechen
4 **s'effondrer** – einstürzen
5 **la torche** – die Fackel
6 **la représentation picturale** – die bildliche Darstellung
7 **essoufflé(e)** – außer Atem
8 **piquer** – stechen

ouverte, la lumière ne pouvait pas arriver jusqu'ici. Pourquoi mes pas m'ont-ils conduit précisément ici ? Et ces traces sur le sol, est-ce que ce sont les traces de mes pas ? Suis-je donc déjà venu ici ? Suis-je entré pour me cacher ? Me reposer ? Dormir ?

Ce rêve, je le fais régulièrement depuis que j'ai vu le film que Werner Herzog a tourné dans cette grotte. Je suis **attiré** par ce trou noir au fond de la grande salle. J'entends encore le bruit des branches sous mes pieds, et ce **grognement** derrière moi. Je cours, je tombe. Où sont les autres ? Et mon sac à dos ?

Ma torche éclaire les murs de la grotte. La lumière qui bouge fait apparaître des formes qui commencent à bouger à leur tour. Je les **suis** avec les yeux. Je me détends et je ne sens plus ma fatigue. Ces formes qui bougent ont des apparences familières. Rassurantes mêmes. Ma respiration **s'apaise**. Je vois des visages penchés sur moi. Je me promène dans une sorte de rêve éveillé et je ne m'aperçois pas que mes yeux suivent les lignes de dessins. Quelqu'un a dessiné sur les murs de la grotte !

Il y a de l'eau qui coule. Je commence à sentir la soif. Je repense à mon grand-père, qui chantait quand il croyait qu'il était tout seul. Il regardait des encyclopédies pendant des heures et il s'endormait dans son fauteuil. Pourquoi je pense à ça ? Et toutes ces pattes qui marchent… Je viens de voir passer le chat des voisins, il a traversé le jardin. Je me réveille.

Le sol de la grotte Chauvet est recouvert d'**ossements**. Ils sont parfois rangés, étrangement alignés, parfois ils sont seulement là, abandonnés. Dans une petite salle, quelqu'un il y a plus de 30.000 ans a posé un **crâne** d'ours sur une grosse pierre certainement pour faire un **autel**.

Dans mon rêve c'est toujours la même chose : j'approche mon visage du mur et je sens quelque chose qui me touche. Une main sur mon épaule ? Je sens le souffle d'un des chevaux, celui qui me regarde avec le plus d'intensité. L'autre, à côté, a bougé ! Je recule. La hyène qui se trouvait juste en dessous de moi n'est plus là, elle s'est cachée derrière un rocher : je **hurle** ! Tous les dessins me répondent et hurlent à leur tour. Ils vont réveiller les ours qui dorment de l'autre côté. Ça y est ! J'entends leurs pas se rapprocher... Ils sont quatre, quatre ours qui m'observent. Ils se penchent vers moi. Je sais qu'ils ont des **griffes**. Les murs sont couverts des traces de leurs griffes.

D'autres fois, dans ce rêve, les ours viennent jusqu'à moi. Ils ne font pas peur du tout et je me sens bien avec eux. On se parle, on se comprend. Je fais des gestes, je grogne. On sort de la grotte, ils me portent, c'est amusant : ils m'emmènent dans la maison où vivaient mes grands-parents, dans le Périgord. Je reconnais même l'odeur, un mélange de terre et de fruits écrasés. Tout ça c'est à cause de Lascaux où je suis allé avec ma grand-mère quand j'étais petit. Je crois que ça m'a beaucoup impressionné. C'était tellement extraordinaire ! Quand j'ai vu le film d'Herzog, l'hiver dernier, cette histoire d'ours des **cavernes** et de peintures, ça a tout réveillé en moi.

9 **être attiré par ...** – sich vom ... angezogen fühlen
10 **le grognement / grogner** – das Brummen / brummen
11 **suivre** – folgen
12 **s'apaiser** – sich beruhigen
13 **les ossements** (m.) – die Gebeine
14 **le crâne** – der Schädel
15 **l'autel** (m.) – der Altar
16 **hurler** – brüllen, laut schreien
17 **la griffe** – die Kralle
18 **la caverne** – die Höhle

20 DES TRONCS ET DES HOMMES

Il y a beaucoup de brouillard en cette saison dans le Morvan. Nous suivons un camion, trop gros, trop long pour cette route très étroite qui tourne beaucoup. Il a juste une petite lumière rouge qui **se balance** au-dessus de la route. Le brouillard est très épais : nous ne voyons pas le camion, mais seulement cette lumière derrière lui. Le camion transporte de très gros troncs, de grands chênes coupés, couchés les uns contre les autres. Nous les devinons, nous ne les voyons pas très bien. Cette vision est d'une tristesse infinie.

Nous pensons à l'âge de ces arbres, à toute l'histoire de cette région. Le transport du bois vers Paris, sur la Cure, l'Yonne, puis la Seine... Tous ces troncs qui **flottaient** autrefois sur les rivières et qui voyagent maintenant sur des camions.

Le brouillard nous isole, nous sommes seuls sur cette route avec ces quelques vieux troncs morts. Nous sommes dans la forêt, nous sentons sans la voir la présence des arbres, leur vie immobile et indifférente.

Un **blaireau** traverse soudain la route, il est drôle ! Il marche comme un clown.

La route descend, la température aussi. Nous sommes au cœur du Parc naturel du Morvan...

C'est une région **secrète**. Il n'y a pas beaucoup d'habitants dans le Morvan ! Mais quand il y a des habitants, on ne s'ennuie pas.
Au bout de la route c'est le Lac des Settons. Le camion s'arrête, nous **nous garons** derrière lui. Il y a d'autres camions garés au bord de la route. Est-ce qu'ils se sont donné rendez-vous ? Pour la **choucroute** du mardi soir ?

L'auberge du Lac est connue dans la région. On y vient de loin, y dormir ou seulement y manger avant de reprendre la route. C'est un **Relais-Routiers**. Ici il n'y a que des hommes… et Denise, la patronne.

Le mardi c'est choucroute. Ce n'est pas un plat de la région, mais on dit que la choucroute de Denise est meilleure que celle des grands chefs alsaciens !

- Tu as entendu, ils ont vu un loup ?
- Un loup, …où ça ?
- Dans la forêt d'Anost, … des **chasseurs**, … hier.

Les routiers, ils sont toujours seuls dans leur camion… Ce sont des personnes qui ne parlent pas beaucoup. Ou plutôt ils parlent beaucoup mais avec très peu de mots ! Il faut savoir

1 **se balancer** – hin- und herschaukeln
2 **flotter / le flottage** – schwimmen/ die Flößerei
3 **secret(e)** – geheim
4 **se garer** – parken
5 **la choucroute** – das Sauerkraut
6 **le Relais-Routiers** – das Fernfahrerlokal

de quoi ils parlent. Si vous ne les connaissez pas, ils vous regardent sans vous dire un mot. C'est pas facile de raconter quelque chose.

- Ah... Des chasseurs ? ils n'ont pas bien vu !
- Si j'te l'dis, Marcel...
- **N'importe quoi** !
- Ils ont même fait un article dans le journal.
- Bah, ça ! Moi aussi je peux les écrire les articles dans le journal !

Chez Denise tout le monde mange à la même table. Il y a beaucoup de bruit, c'est difficile de suivre une conversation. Parfois, quelqu'un dit quelque chose et personne ne répond, alors on parle d'autre chose.

- Il **a neigé** au-dessus d'Arleuf dimanche.

C'est vrai, qu'est-ce que tu veux répondre à ça ? Dire que c'était très beau ? Que le sommet des sapins brillait dans la lumière du soleil ? Les routiers, ce ne sont pas tous des poètes ! Ou plutôt, ils ne veulent surtout pas le montrer... Tu vois, Eddy, par exemple, derrière ses gros bras, eh bien c'est un grand romantique. Lui, ces choses-là, il peut les dire parfois. Mais pas à n'importe qui.

- Alors l'histoire du troupeau de Michel, peut-être c'est vrai ! Ses **brebis égorgées**...
- Tu sais combien il a eu avec l'**assurance** ?

Le son monte dans la salle, tout le monde parle en même temps. Les routiers les plus solitaires parlent de plus en plus et de plus en plus fort. C'est le vin de Denise... Ah, le **pinard** de Denise ! Elle doit pas le payer cher... Tout le monde le reconnaît, il n'est pas bien bon : il est pas aussi bon que la choucroute !

- Ils veulent tous lui **faire la peau**...
- Faut pas leur parler d'**espèce protégée** !
- Aux **écolos** aussi ils vont leur faire la peau, tu vas voir !

Finalement, le loup, c'est un sujet qui semble les concerner tous...

- Moi je les comprends... Si j'peux plus faire mon boulot, tu crois que j'vais les laisser faire ?
- Et avec ces étrangers qui viennent nous prendre nos boulots...
- Ils m'font rigoler avec leur « Eco-Taxe », ils veulent revenir au flottage ? C'est vrai, ils doivent penser, ça **pollue** pas les bouts de bois qui se promènent dans les rivières !

Pas facile de suivre la conversation... Le loup, oui, ça les concerne, évidemment ! Ils n'ont pas peur, bien sûr, mais ça les intéresse... Un loup dans le Morvan ! Le dernier on l'a vu il y a plus de cent ans...

La soirée est joyeuse, les heures avancent dans la nuit, dans le bruit des voix, les rires et l'alcool. Dehors le brouillard est de plus en plus épais. Il fait - 8°C. L'hiver est

7 **n'importe quoi** (ugs.) **-** Quatsch / **n'importe qui** – irgendjemand
8 **neiger -** schneien
9 **la brebis -** das Mutterschaf
10 **égorger qn. -** jdm. die Kehle durchschneiden
11 **l'assurance** (f.) **-** die Versicherung
12 **le pinard** (ugs.) **-** der Wein
13 **faire la peau à qn.** (ugs.) **-** jdn. kaltmachen
14 **l'espèce protégée -** die geschützte Spezies
15 **l'écolo** (m.) (Abk. für écologiste) **-** der Umweltschützer
16 **polluer -** (die Umwelt) verschmutzen

rude dans le Morvan même si les montagnes ne sont pas très hautes.
Le loup revient à nouveau dans la conversation.
Cette fois, le ton a changé, tout le monde rit ! On passe des poules égorgées à la cuisine de Denise... De son **boudin noir** à son histoire avec le boucher !

Denise est dans la cuisine mais elle entend tout et ça lui plaît. Elle aime ça, Denise : entendre les hommes **perdre le fil** de leur pensée, les voir **s'enivrer**, écouter les histoires qu'ils racontent la nuit quand ils ont peur.

Denise, elle, ne boit pas. Elle sait qui devra repartir ce soir et elle **surveille** bien celui-là, elle surveille son verre. Bien sûr, il y a des loups dans le Morvan, elle le sait depuis longtemps. Elle aime sa région, et cette campagne tellement belle et sauvage. Elle est un peu **fière** d'être morvandelle, Denise. Elle aussi, elle est triste de voir tous ces troncs couchés dans les camions.

17 **le boudin noir** – die Blutwurst
18 **perdre le fil** – den Faden verlieren
19 **s'enivrer** – sich betrinken
20 **surveiller** – überwachen
21 **fier/fière** – stolz

BILDNACHWEIS

S. 1: thinkstock/ laetitiaJulien, S. 3: thinkstock/ javarman3, S. 4: © beatrice prève - Fotolia.com, S. 5, Muscheln und Pommes: © R.Studio - Fotolia.com, S. 6, Smartphone: © andersphoto - Fotolia.com, Sprechblasen: © Thomas Pajot - Fotolia.com, S. 7: © Maurice Metzger - Fotolia.com, S. 8/ 9: © Tiberius Gracchus - Fotolia.com, S. 10: © remixon - Fotolia.com, S. 12: © Brad Pict - Fotolia.com, S. 13: shutterstock/ Marco Scisetti, S. 14/ 15: © fred34560 - Fotolia.com, S. 16/ 17, Pinsel: © Evgenia Smirnova - Fotolia.com, Armagnac: © David Mathieu - Fotolia.com, S. 18/ 19: thinkstock/ Ingram Publishing, S. 20: thinkstock (Fuse), S. 21, Feuerwerk: © DeVIce - Fotolia.com, Mädchen: thinkstock (Glenda Powers), Girlande: © AMATHIEU - Fotolia.com, S. 23: thinkstock/ Givaga, S. 24: © Andrey Kuzmin - Fotolia.com, S. 25: shutterstock/ Dutourdumonde Photography, S. 26: thinkstock/ Fuse, S. 28: thinkstock/ Kuttelvaserova Stuchelova, S. 29: shutterstock/ VladislavGudovskiy, S. 30: © alain wacquier - Fotolia.com, S. 32/ 33, Grenoble: shutterstock/ colores, S. 33, Walnuss: © kornienko - Fotolia.com, S. 35: © Vitalina Rybakova - Fotolia.com, S. 36: shutterstock/ Peter Bernik, S. 37, Regal: © bramgino - Fotolia.com, Hutschachtel: shutterstock/ Danny Smythe, S. 38: shutterstock/ Konstantin Karchevskiy, S. 41: shutterstock/ Pecold, S. 42/ 43, Rouen: shutterstock/ CristinaMuraca, S. 42, Briefmarke: © laufer - Fotolia.com, Gustave Flaubert: © smuki - Fotolia.com, Rahmen: © smuki - Fotolia.com, S. 43, Kind: © Andrey Kuzmin - fotolia.com, Kathedrale: shutterstock / atref, S. 45: © Brad Pict - Fotolia.com, S. 46: © R.Studio - Fotolia.com, S. 48: shutterstock/ Watchtheworld, S. 50: thinkstock (wastesoul), S. 51: © Christian Hillebrand - Fotolia.com, S. 55: © Christian Hillebrand - Fotolia.com, S. 56: s. S. 1, S. 57: © Tatjana Rittner - Fotolia.com, S. 58, Champagner: © Gresei - Fotolia.com, fallende Frau: thinkstock/ erllre, S. 61: thinkstock/ OSTILL, S. 62: thinkstock (hurricanehank), S. 63: © Jipé - Fotolia.com, S. 64: shutterstock/ Joe Belanger, S. 66: © Thomas Barrat - Fotolia.com, S. 67: © sidharth - Fotolia.com, S. 70, Hund: © zaretskaya - Fotolia.com, Leine: thinkstock/ Comstock, S. 71: © beermedia.de - Fotolia.com, S. 73, Chihuahua: © cynoclub - Fotolia.com, Cockerspaniel: © ra2 studio - Fotolia.com, S. 74, Opéra Garnier: © Pixel & Création - Fotolia.com, Schild: © pixarno - Fotolia.com, S. 75, Opéra Bastille: shutterstock/ Ana del Castillo, Schild: © pixarno - Fotolia.com, S. 76: shutterstock/ cindy xiao, S. 77: © Simone Capozzi - Fotolia.com, S. 79: © Anatolii - Fotolia.com, S. 80/ 81: © Gary - Fotolia.com, S. 81, Maske: shutterstock/ Bruno Passigatti, S. 83: © Production Perig - Fotolia.com, S. 84: thinkstock (Pixel-68), S. 86: shutterstock/ Gtranquillity, S. 88: thinkstock/ Davis McCardle, S. 89: © Macmaniac - Fotolia.com, S. 90: © séb_compiegne - Fotolia.com, S. 94/ 95, Le Havre: © Production Perig - Fotolia.com, S. 95: fotolia/ JMDZ, S. 97: shutterstock/ Jakkapop Dusiyamee, S. 98: shutterstock/ mikeledray, S. 99: © thomaseder - Fotolia.com, S. 100: © SophySweden - Fotolia.com, S. 101: shutterstock/ eurobanks, S. 102, Eintopf: shutterstock/ Fanfo, Käse: © Maurice Metzger - Fotolia.com, S. 103, Pastete: shutterstock/ Jiri Hera, Hopfen: shutterstock/ LianeM, S. 104: shutterstock/ aleksandr hunta, S. 106/ 107, Garten: © Pictures news - Fotolia.com, S. 106, Zeder: © Fotoschlick - Fotolia.com, S. 109: shutterstock/ pio3, S. 110: © Thierry RYO - Fotolia.com, S. 111: shutterstock/ Adisa, S. 114/ 115: © Thierry RYO - Fotolia.com, S. 116/ 117, Leuchtturm: shutterstock/ Stephane Bidouze, S. 117, Lampe: shutterstock/ Stephane Bidouze, S. 118, Ardèche: © vouvraysan - Fotolia.com, Badenazug: shutterstock/ artjazz, Badehose: shutterstock/ nito, S. 119: © siloto - Fotolia.com, S. 122, Baumstamm: © romantsubin - Fotolia.com, Dachs: shutterstock/ Jiri Balek, S. 123: shutterstock/ juliazara, S. 126: © romantsubin - Fotolia.com

EINIGE WORTE VORAB

Sie lieben Frankreich, lesen gerne Kurzgeschichten und möchten etwas für Ihr Französisch tun?
Dann halten Sie das richtige Buch in der Hand! Mit 20 heiter bis skurrilen, spannenden, manchmal nachdenklichen, aber niemals langweiligen Kurzgeschichten tauchen Sie ins französische Leben ein und frischen so ganz nebenbei Ihre Sprache auf.

Nicht nur lesen, sondern auch sehen!
Bilder helfen unserem Gehirn ganz hervorragend, Dinge besser zu verstehen und abzuspeichern. Die Bilder in diesem Buch zeigen Schauplätze, Gegenstände und Handlungen, die Sie mitten ins Geschehen versetzen. Durch die Verknüpfung von Text und Bild – direkt an Ort und Stelle – lernen Sie im Handumdrehen neue Wörter. Unbekannte Wörter sind farbig markiert und werden am unteren Ende der Seite in der Vokabelbox oder bei einem Bild übersetzt. Zentrale Textpassagen sind hervorgehoben.

Lassen Sie sich inspirieren
Nach manchen Geschichten finden Sie wunderschön bebilderte Doppelseiten mit weiterführenden Informationen und einem Extra an neuen Wörtern. Erfahren Sie mehr über Land & Leute, besondere Orte und Traditionen.

Bevor es losgeht, lernen Sie auf den nächsten Seiten die Autorinnen und den Autor dieses Buches kennen.

Viel Lesevergnügen
wünscht Ihre
PONS-Redaktion!

DIE AUTOREN

Sandrine Castelot lebt seit 1994 in Berlin und ist in der französischen wie deutschen Kultur tief verwurzelt. Muttersprachlich Französisch, geboren und teilweise in Deutschland aufgewachsen, lernte sie früh beide Kulturen kennen und schätzen. Sie ist eine erfolgreiche kreative Französisch-Sprachcoachin und begeistert sich für die interkulturelle Vermittlung zwischen Frankreich und Deutschland. Spaß und Freude am Lernen sind Ihr Motto und dieses spiegelt sich auch in ihren Kurzgeschichten wieder.

Samuel Desvoix stammt aus dem Norden Frankreichs. Er ist Buchhändler, Redakteur und Übersetzer für Italienisch und lebt in Paris und dem Morvan.

Delphine Malik wurde in der Bretagne geboren. Nach vielen Umzügen ließ sie sich schließlich für ihr Studium in Paris nieder. Heute lebt sie in der Hauptstadt und dem Morvan. Sie ist Opernsängerin, Gesangslehrerin und Übersetzerin für Englisch.

PONS

Lektüre in Bildern FRANZÖSISCH

Le vin bleu de Monsieur Dupont

20 landestypische Kurzgeschichten zum Französischlernen

von
Sandrine Castelot
Samuel Desvoix
Delphine Malik

PONS GmbH
Stuttgart

PONS

Lektüre in Bildern Französisch
Le vin bleu de Monsieur Dupont

20 landestypische Kurzgeschichten
zum Französischlernen

von
Sandrine Castelot
Samuel Desvoix
Delphine Malik

Geschichten der Autoren im Einzelnen:
Sandrine Castelot: Geschichte 1, 2, 3, 5, 6–11
Samuel Desvoix/Delphine Malik: Geschichte 4, 12 - 20

Alle Personen und Handlungen sind erfunden. Ähnlichkeiten mit lebenden oder verstorbenen Personen und tatsächlichen Begebenheiten wären rein zufällig.

3. Auflage 2016

Projektleitung: Canan Eulenberger-Özdamar
Redaktion: Muriel Rist
Schlusslektorat: Isabelle Langenbach
Bildredaktion: Canan Eulenberger-Özdamar
Logoentwurf: Erwin Poell, Heidelberg
Logoüberarbeitung: Sabine Redlin, Ludwigsburg
Titelfotos: shutterstock/Ziven, Weingut: thinkstock/javarman3, Wein: thinkstock/Givaga, Pärchen: thinkstock/Ibrakovic, Kuchen: thinkstock/laetitiaJulien, Küste: thinkstock/Oks_Mit
Einbandgestaltung: Anne Helbich, Stuttgart
Layout: PONS GmbH Stuttgart
Satz: tebitron gmbh, Gerlingen
Druck und Bindung: Publikum d.o.o

ISBN: 978-3-12-562740-6